みやぎ3・11

「人間の復興」を担う女性たち

戦後史に探る力の源泉

浅野富美枝

生活思想社

生活と地域と女性の視点から――はじめに

東日本大震災からまもなく五年が経過しようとしている。被災地最大の都市・仙台市の中心部はもはや、震災などなかったような賑わいを見せている。

二〇一一年三月一一日、雪が降りしきるなかをぞろぞろと列をなし、何時間も歩いて帰宅したこと、倒れた家具や床一面に散乱した書物や家財道具類で足の踏み場もない室内を前にして呆然と立ち尽くしたこと、一カ月後にようやくガスが復旧し、久しぶりに浴槽に身を沈めて至福の時間を味わったことなど、津波被害のなかった地域でも多くの市民が甚大な被害を体験した。しかしもはやそれも遠い過去の記憶になりつつある。

津波の被災地はどうか。

時折津波の被災地の沿岸部を訪れると、被災前の光景とのあまりの違いにしばし立ち尽くすことがある。沿岸部の高台には真新しい住宅が建ち並び、一見順調に復興が進んでいるかに見える。しかし、そこには地元住民の息遣いは聞こえず、復興商店街も一時の賑わいは消え失せ、地盤をかさ上げするブルドーザーだけが土ぼこりをあげてせわしなく走り回っている。

部分的に築きあげられた一〇メートル以上もある高さの防潮堤は、かつての美しい湾の光景を喪失させ、威圧感とともに、この防波堤が破壊されたときの恐怖感さえ感じさせる。海と共生していた被災前の姿はそこにはない。これが被災地が望んでいた復興の姿なのだろうか。

地元紙『河北新報』の一面には、いまも毎日「東日本大震災死者数と行方不明者数」が掲載されている。ちなみに二〇一六年一月一九日には、全国で一万五八九四人、行方不明者二五六三人とある。岩手、宮城、福島の被災三県ではなお二〇一五年一〇月末現在五万一六二三人がプレハブの応急仮設住宅に暮らす。

阪神・淡路大震災のときと比較すると、ピーク時のプレハブ仮設住宅は東日本大震災では四万八六六一戸（二〇一二年七月）、阪神・淡路大震災では四万六六一七戸と大きな差はないにもかかわらず、阪神・淡路大震災では五年で仮設住宅はほぼ解消された。一方、東日本大震災では四年半経過してもなお三万一二九五戸の仮設住宅がある（『河北新報』二〇一五年一二月一一日）。

県と市町村が二〇一四年度に実施した被災者健康調査では、回答世帯に占める六五歳以上のひとり暮らし世帯はプレハブ仮設では二二・三%との結果がでた（『河北新報』二〇一五年五月三日）。今なお応急仮設住宅に暮らす人の多くは、自力での住宅確保が難しい高齢の低所得者である。仮設住宅に暮らす人にとって震災はなお現在進行形である。

＊　＊　＊

震災から三年八カ月になる二〇一四年一一月、東松島市の応急仮設住宅を四〇人ほどの学生とともに訪問した。東松島市は石巻市、気仙沼市に続いて宮城県内では三番目に多くの犠牲者がでた地域で、訪問当時なお二八〇〇人以上が仮設住宅で暮らしていた。

居住室内を見学させていただいた後の住民との交流会では、一〇名近くの地域婦人会のメンバーである居住者がそれぞれ被災当時の体験を語ってくれた。涙で言葉に詰まる女性たちの話を聞きつつ、阪神・淡路大震災から一九年が経過した神戸の「人と未来防災センター」を訪れたとき、つい先日のことのように被災当時のことを語る被災者がいたことを思い出した。一九年後の宮城でも同じ状況が見られることだろう。

この応急仮設住宅の自治会長は、まもなく災害公営住宅に転居するとのことで、仮設住宅でやっと築き上げたコミュニティの今後を心配しつつも、新しい公営住宅先でのコミュニティをいかにして構築するか、思案中だと語ってくれた。復興住宅への生活再建が進むなかで、仮設住宅の人口減少が進み、コミュニティのメンバーやリーダーが不足しつつある。こうした事態は被災各地で生じている。被災地と被災者にとって東日本大震災は形を変えつつ、この先もずっと現在進行形であり続けていく。

＊　＊　＊

災害は自然災害であると同時に人災である。

同じ津波被災地でありながら、福島と岩手・宮城でこうも異なるのは、福島第一原発の存在であるし、同じ津波被災者でありながら、自力で高台に家を建て、早々と生活を立て直した人がいる一方で、老朽化した仮設住宅で五度目の新年を迎えようとしている人がいるのは、震災前の社会・経済状況の格差が影響している。

仕事が見つからず、生活の再建に困難を抱えている人の存在もしかり。要介護者の急増、限界を超える被災者の疲弊、悪化する健康に苦しむ人がいる一方で、被災者への医療・介護費減免措置の打ち切り・縮小が容赦なく実施されていること、被災者の生業と生活の再建が後回しにされ、もっとも困難を抱える被災者が放置される一方で、巨大防潮堤の建設や水産特区の導入、仙台港の民営化などの事業が次々と進められていること、さらには、人口減少による自治組織の消滅、孤立化、ＤＶの増大と深刻化など、困難な問題が次々と浮上していることを知るたびに、東日本大震災は自然災害であると同時に人災であり、復興の過程であらたな人災が発生し続けている。この意味でも震災はいまなお現在進行である。

＊　＊　＊

東日本大震災直後の津波で瓦礫と化した街並みを前にして、「戦争直後に見た光景と同じだ」とつぶやいた年配の友人がいた。家屋やライフラインなどの生活基盤が根底から破壊され、多くの親類・友人・仲間が失われたことは、戦争直後も同様だった。

あれから七〇年、私たちがたどった戦後復興の結果が今日の日本社会だとするならば、戦後復興のあり方が今日の災害に対する脆弱性をもたらしたとも言える。ということは、災害に強い国・コミュニティを構築するには、戦後復興七〇年の歩みのどこに脆弱性があったのかを見出し、その反省をもとに今日の震災復興・防災に取り組まなければならないということだ。

考えてみれば、高度経済成長からグローバルな経済戦争のただ中にある今日まで、わが国は、今の復興と同じやり方で直面する難問をしのいできたのではないか。生活と地域、弱者が抱えている困難の解決を後回しにし、強き者をより強くするための方策を貫き通してきた結果、災害に対する脆弱性だけでなく、困難全般に対して脆弱な社会がつくられたのだと考えられる。

繰り返してはならない道を、私たちは戦後史から学ばなければならない。復興にあたって優先すべき課題は何か。災害に強い国・コミュニティを構築するためには具体的に何が求められるのか。戦後復興の忸怩たる思いを繰り返さないために、私たちは、戦後復興と震災復興を検証することが必要だろう。

本書では、生活と地域と女性の視点からこれを検証する。なぜならば、戦後復興を振り返ったとき、復興の影で犠牲になってきたのは、なによりも生活と地域と女性だからだ。東日本大震災を体験し、被災地の女性たちと思いと行動をともにしてきた者として、戦後のなかで東日本大震災を整理しておかなければならないと考えたゆえんである。

＊　＊　＊

本書は序論・本論・終論から構成されている。

序論では、関東大震災および阪神・淡路大震災で、先人たちが多大な犠牲とひきかえに獲得した「人間の復興」について紹介する。

本論は三部からなる。

第1部では、東日本大震災発災直後から五年間、被災地・宮城の女性たちがどのように地域とそこに生きる女性たちの復旧・被災者支援・復興にあたり、今後の地域防災にむけて行動を展開しているかを整理する。災害に強い地域を生み出す鍵は、被災地と被災者が防災と復興の主体になることにある。東日本大震災では、阪神・淡路大震災の教訓を受けて、被災地と被災者が被災支援・復興の主体となるための多様な支援がなされ、多様な声を反映するさまざまな創意工夫がみられた。東日本大震災における女性たちの取り組みが、生活と地域と女性たちの生きる力の復興、すなわち「人間の復興」であったこと、そして、支援する側と支援される側の新たな関係が生み出されてきたことを検証する。

第2部では、東日本大震災で被災者支援と地域と生活の復旧・復興に大きな力を発揮した女性たちが、戦後日本のなかでどのように地域の主体として形成され、今日にいたっているかを被災女性支援にあたった女性たちへのインタビューから検証する。

インタビューに協力してくれた四人の女性たちのエンパワメントのプロセスは、彼女たちの人生そのものであり四者四様であるが、多くの女性たちに共通するものだった。彼女たちの語りからは、わが国の戦後七〇年の女性たちが歩んできた軌跡が、おのずと浮かび上がってくる。

第3部では、被災女性を支援し、復興を担ってきた女性たちはいま、何に取り組んでいるのか、女性の活躍が叫ばれている今日、彼女たちの視線はどこに向けられているのかを、次世代の担い手の育成、地域コミュニティの再構築、復興過程でより困難を抱えている女性たちへの支援に焦点を当て紹介する。

そして、彼女たちの取り組みのなかから、災害に強い地域を構築するには何が求められるか、これから長く続く復興と被災地の再生の担い手を形成するにはどのような取り組みが必要なのか、今後の課題を明らかにする。

最後に終論として、東日本大震災における女性被災者支援、復旧・復興の過程で明らかになった災害に対する脆弱性が戦後日本の七〇年間にどのように形成されたのかを、女性と生活をめぐる戦後史をたどることによって整理し、同じ轍を踏まないために私たちに課せられた課題を確認する。

本書の結論を先取りして一言で言えば、それは、ひとたび災害が発生したときに地域に必要な力は平常時のひとづくり、まちづくり、人と人をつなぐネットワークづくりのなかで形成されること、それには男女共同参画の視点が不可欠だということである。

なお、ジェンダーの視点、ジェンダー平等の視点、女性の視点、男女共同参画の視点などの言葉は今日一般的に同じ意味で用いられている。確かに、社会や人間に関する諸問題を社会的に形成された性別

（ジェンダー）によって起因する問題として考察する視点という点ではこれらの言葉は共通している。

今日、ジェンダーに起因する諸問題は、女性をめぐる諸問題のみならず、長時間労働や父子家庭などとくに男性をめぐる問題、性別違和をもつ者や同性愛など性的マイノリティをめぐる諸問題として、幅広く存在する。

東日本大震災では、シングルファーザーに対する支援、性的マイノリティに対する支援が女性支援とともに、それぞれ連携のもとに展開された。これらはジェンダーの視点を共通しつつも、それぞれ固有の問題と視点をもつ。本書では、これらの諸問題を包括的に捉える視点をジェンダーの視点／ジェンダー平等の視点、ジェンダーの視点を女性固有の立場からより具体的に意味する視点を女性の視点、ジェンダーに起因する諸問題を男女共同参画社会形成の社会政策的課題として認識して論じる際には男女共同参画の視点という言葉として区別してもちいることとする。

東日本大震災後も、二〇一四年の御嶽山の噴火や広島の豪雨による土砂災害、二〇一五年に入ってからも鹿児島の口永良部島の噴火やネパールでの大地震など、国内外で立て続けに自然災害が発生している。

本書が全国各地で実践的に地域防災と地域活動に取り組んでいる方々の参考になれば幸いである。

目次

＊装幀・渡辺美知子

［序］

「人間の復興」はなされているか

災害大国日本では、東日本大震災の前にも後にも多くの災害が発生した。甚大な災害を経験するたびに震災からの復興が繰り返され、教訓が語られたが、自然災害によって人為的な災害が併発し、深刻な二次被害、三次被害が続発するということが幾度も繰り返されている。災害におけるリスクとダメージをできるだけ減らすために、私たちは過去から学ぶ賢さをもたなければならない。

防災・減災・復興に「女性の視点」が必要であることを、私たちは、二〇年前の一九九五年の阪神・淡路大震災から学んでいた。それゆえ、東日本大震災では、不十分ながらも「女性の視点」での被災者支援・復旧・復興が本格的に取り組まれた。その体験から、「女性視点（女性が体験的に会得した人権と尊厳を尊重する視点、生活者の視点、ケアを必要とする人に寄り添う視点）」なしには被災女性の支援は成り立たないことを、私たちはあらためて実感した。

しかし、東日本大震災や阪神・淡路大震災よりはるか九〇年以上前の一九二三年に発生した関東大震災のとき、私たちが「女性視点による被災者支援・復興」として理解していたことを、「人間の復興」「営生権の復興」として主張した先駆者がいた。福田徳三である。

福田徳三の「人間の復興」「営生権の復興」

福田徳三（一八七四〜一九三〇年）は、東京商科大学（現・一橋大学）教授で、日本の社会福祉思想の先駆者であり経済学者であった。クリスチャンだった彼は、学生時代、東京のスラム街での伝道活動に参加するなど、現場を重視する実践的研究者だった。

一〇万人を超える犠牲者をだした関東大震災発災時、彼は箱根から四日間をかけて徒歩で東京に戻ったという。そして震災直後から学生たちを伴って、一万三二四世帯（約三万六〇〇〇人）を対象に八日間かけて失業率の調査を実施し、その結果をもとに東京全体の失業率を推計し、国や東京市（現在の東京都）に対して就業支援施策の必要性を訴えた。福田は「営生機会の復興を急げ」のなかで、次のように述べている。

> 私は復興事業の第一は、人間の復興でなければならぬと主張する。人間の復興とは、大災によって破壊せられた生存の機会の復興を意味する。今日の人間は、生存する為に、生活し、営業し労働しなければならぬ。即ち生存機会の復興は、生活、営業及労働機会（此を総称して営生の機会という）の復興を意味する。道路や建物は、この営生の機会を維持し擁護する道具立てに過ぎない。それらを復興しても、本体たり実質たる営生の機会が復興せられなければ何にもならないのである。(1)

福田徳三の論じる「人間の復興」とは、生命・健康・仕事・生活の復興（営生の機会の復興）のことで、彼はその根底にあるものとして生存権を主張した。憲法二五条に「生存権」が明記される二〇年以上も前に生存権を主張したのである。

「三つの尊重と七つの配慮」――阪神・淡路大震災から

この福田徳三の思想を継承した復興が、一九九五年の阪神・淡路大震災からの復興の論議のなかで提唱された。関西学院大学災害復興制度研究所が発表した「災害復興基本法策定に向けての構図―三つの尊重と七つの配慮」がそれである。(2)

そこで提唱された「七つの配慮」とは、①被災地の自決権への配慮、②復興の個別性への配慮、③被災者の営生権（働く権利・営業する権利・生活する権利）への配慮、④法的弱者の救済への配慮、⑤コミュニティの継続性への配慮（地域の文化や習俗の尊重、被災者の生活基盤となるコミュニティの継続性、地方自治の強化）、⑥一歩後退の復興への配慮（進捗状況に応じた段階的な方策）、⑦多様な復興指標への配慮（次世代の社会づくりにつながる復興指標やしくみ）である。

①の「被災地の自決権への配慮」とは、復興の主体は被災した地域であり、被災者自身であること、復興にあたっては被災者の自立する権利が前提されなければならないこと、したがって復興の意思決定にあたっては被災当事者の参画がなければならないことである。このことは今回の東日本大震災からの復旧・復興でも、意思決定の場への女性の参画をはじめ多様性をもった当事者が意思決定に参画することの重要性が繰り返し強調された。

②の「復興の個別性への配慮」とは、画一的・形式的平等ではなく、個々の被災地域、被災者の置かれた状況の個別性にもとづいた復興でなければならないということである。

「七つの配慮」のなかの①から④の配慮はまさに「人間の復興」の中核である。

関東大震災のとき、岩手県出身の後藤新平が帝都復興院の総裁としてめざした復興は「最新のインフラを整備すれば、おのずと人々の暮らしも再生する」というもので、福田徳三はこれに反対して「人間の復興」を主張した。

直近の復興モデルとされる阪神・淡路大震災では「創造的復興」が掲げられ、巨額予算の半分が神戸空港建設などのハード面の復興に費やされた。生存と暮らしの再建を過去の知見から学ぶという視点に立てば、残念ながら関東大震災時の帝都復興院と同様の復興がみられたのであって、福田のめざした「人間の復興」が生かされたとは言いがたい。

関西学院大学災害復興制度研究所の提言は、その反省からうまれたものである。

スタートから女性の視点を導入した「国連防災の一〇年」

災害は日本だけでなく、世界のあらゆる地域で発生している。災害によるリスクを軽減することはいまや国際的な重要課題の一つである。私たちは、国内の教訓から学ぶと同時に、世界から学び、また私たちの教訓を世界へ向けて発信することが重要である。

災害への対応に積極的に取り組んできたのは国連である。国連は一九九〇年を「国連防災の一〇年」として定め、以後防災に取り組んできた。

国連の一連の取り組みで特徴的なのは、そのスタートから防災に女性の視点を導入してきたことである。その主なものを示すと以下のとおりである。

一九九四年、横浜で開催された第一回国連防災世界会議で、防災において「女性や社会的に不利な集団の参加」を奨励することを内容とする「横浜戦略」が採択された。

二〇〇〇年の第二三回国連特別総会（北京＋5）で、「防災・減災・復興・人道支援にジェンダー視点を導入すること」を内容とする勧告がなされた。

二〇〇二年の第四六回国連女性の地位委員会で、「ジェンダーの不平等は災害脆弱性の根本原因の一つである」ことが確認された。

二〇〇五年、神戸で開催された第二回国連防災世界会議で、「兵庫行動枠組」を採択し、「あらゆる災害リスク管理の政策・計画の決定過程にジェンダーの視点を導入すること」が明記された。

二〇一三年第五六回国連女性の地位委員会で、「自然災害におけるジェンダー平等と女性のエンパワメント」が明記された。[3]

ジェンダー視点とは性別によるあらゆる差別を根絶する視点であり、女性の視点を内包している。つまり、国連は自然災害への対応に際して、一環して、女性の視点を導入することを強調していると言える。

災害に強い国・地域をつくる

国連の防災の取り組みのもう一つの特徴は、災害に強い（レジリエント）な国・地域の重要性を強調していることである。二〇〇五年の第二回会議で採択された「兵庫行動枠組（ＨＦＡ）」では、自然災害に対する脆弱性を克服し、災害に強い（レジリエントな）国と地域を構築する方法が確認された。

災害に対するレジリエントな強さとは、災害によるリスクを可能な限り軽減することと、災害から回復する力の強さのことである。手間や資金をかけても、災害に備えたほうが長期的には社会全体の被害とコストを軽減することができるという共通認識のもとに、「兵庫行動枠組」では、防災・減災と復興を一体化させた取り組みと社会的リスクマネジメントの確立、ジェンダーと多様性の視点にたった政策の必要性などが確認された。これは、自然災害だけでなく、原発事故などの人災にもあてはまることであり、常日頃から災害、リスクを直視した対応が必要だということである。

「兵庫行動枠組」にもとづいて実施された取り組みの評価が、二〇一三年、進捗報告書として公表された。報告書では、①多くの国が大地震、津波、土砂災害、火山噴火災害など多様な災害をまとめてハザードとして捉えるマルチハザード方式を防災に採用したこと、②災害リスクの削減にはジェンダーの視点が不可欠であることが明らかになったが、成果をあげるにはいたっていないこと、③災害リスクの削減には被害が大きい貧困層や不利な立場の人々への対応、社会的な不平等などの災害の被害を拡大する社会的要因への取り組みが不可欠であることなどが認識されたが、この取り組みはもっとも遅れていること、④地域コミュニティの参画についてはそれほど改善されなかったこと、などが指摘された。

報告書の以上のような現状認識は、東日本大震災後の状況にもそのままあてはまる。

第三回国連防災世界会議

二〇一五年三月一四日から一八日にかけて、第三回国連防災世界会議が二〇一一年三月の東日本大震災の被災地である仙台で開催された(4)。そこでは、東日本大震災の経験と教訓を国内外に発信することを目的に、東日本大震災の経験を踏まえた「兵庫行動枠組」の後継枠組として、今後一五年間の二〇三〇年までの国際的な防災の行動指針「仙台防災枠組」が採択された。

同枠組では、行動指針により実効性を持たせるために、災害による死亡率、被災者数、経済損失、医療や教育施設の被害、防災戦略を持つ国の数、途上国支援、早期警報システムの七項目が、世界レベルの減災目標として数値化された。

あわせて、「女性と若者のリーダーシップの促進」や事前の防災投資は、災害後の対応・復旧より費用対効果が高いことを認識し、ふだんからの防災投資を強化することが指導原則として盛り込まれた。そして「兵庫行動枠組」と同様に、地域コミュニティの位置と女性を含む多様な視点の重要性が強調された。

国連防災世界会議が被災地で開催された意味は、被災地の教訓を世界に発信することとあわせ、国際会議の成果を被災地の復興・防災に生かすことにある。その意味では、第三回の会議では、参加するために登録が必要な本体の会議とは別に、女性と防災のテーマ館、市民協働のテーマ館が設置され、パブリックフォーラムとして多くの市民が参加する機会が設けられたことの意義は大きい。

パブリックフォーラムは三五〇開かれ、延べ一四万三〇〇〇人が参加したと言われる。パブリックフォーラムがこれほどの規模で開催されることは国連の会議としては珍しい。逆に言えば、今回の会議はそれだけ一般市民の関心が高かったということである。

＊　＊　＊

深刻な犠牲と引き換えに国内外で獲得された災害に対する教訓は、次の二つの点で共通している。第一は、被災者支援・災害からの復興・レジリエントな国・地域コミュニティの構築の根底には、被災者には尊厳ある生活を営む権利があるということであり、第二は、復興の要はまずは何よりも「人間の復興」だということである。

こうした認識がグローバルな規模で共有されつつあるにもかかわらず、仙台で開催された国連防災会議以後発生した災害への対応をみると、その教訓がいかされているとは言いがたい状況が続いている。それはいったいどうしてなのか。

次章から、東日本大震災では、災害から得た過去の教訓がどういかされたのか、またはいかされなかったのかを視野に入れ、女性被災者の状況を中心に検証することから考察する。

注

（1）福田徳三「営生機会の復興を急げ」（『報知新聞』一九二三年一〇月一五～二四日）、『生存権の社会政策』講談社学術文庫、一九八〇年（初版、一九四八年）。被災後、福田徳三は労働機会の復興を重視し、真っ先に被災後の雇用問題を学生たちと仮設住宅を回って調査した。その結果、男性より女性のほうがはるかに失業率が高いことを知り、福田徳三は女性たちがどんな職種を希望しているかを聴き取り、その結果を就職機会にいかすべきと主張した。

（2）関西学院大学・災害復興制度研究所『災害復興研究』二号、二〇一〇年。

（3）スティール若希・大沢真理編『ジェンダー、多様性、東北復興―三年目に続くガバナンスの機会と課題』東京大学社会科学研究所、二〇一三年。池田恵子「災害とジェンダーをめぐる国際動向」東日本大震災女性支援ネットワーク・研修プロジェクト編『男女共同参画の視点で実践する災害対策　テキスト　災害とジェンダー　基礎編』東日本大震災女性支援ネットワーク発行、二〇一三年。

（4）『朝日新聞』「社説」二〇一五年三月二三日。

第
1
部

東日本大震災における被災女性支援の動きから

宮城県の雇用保険受給者実人員

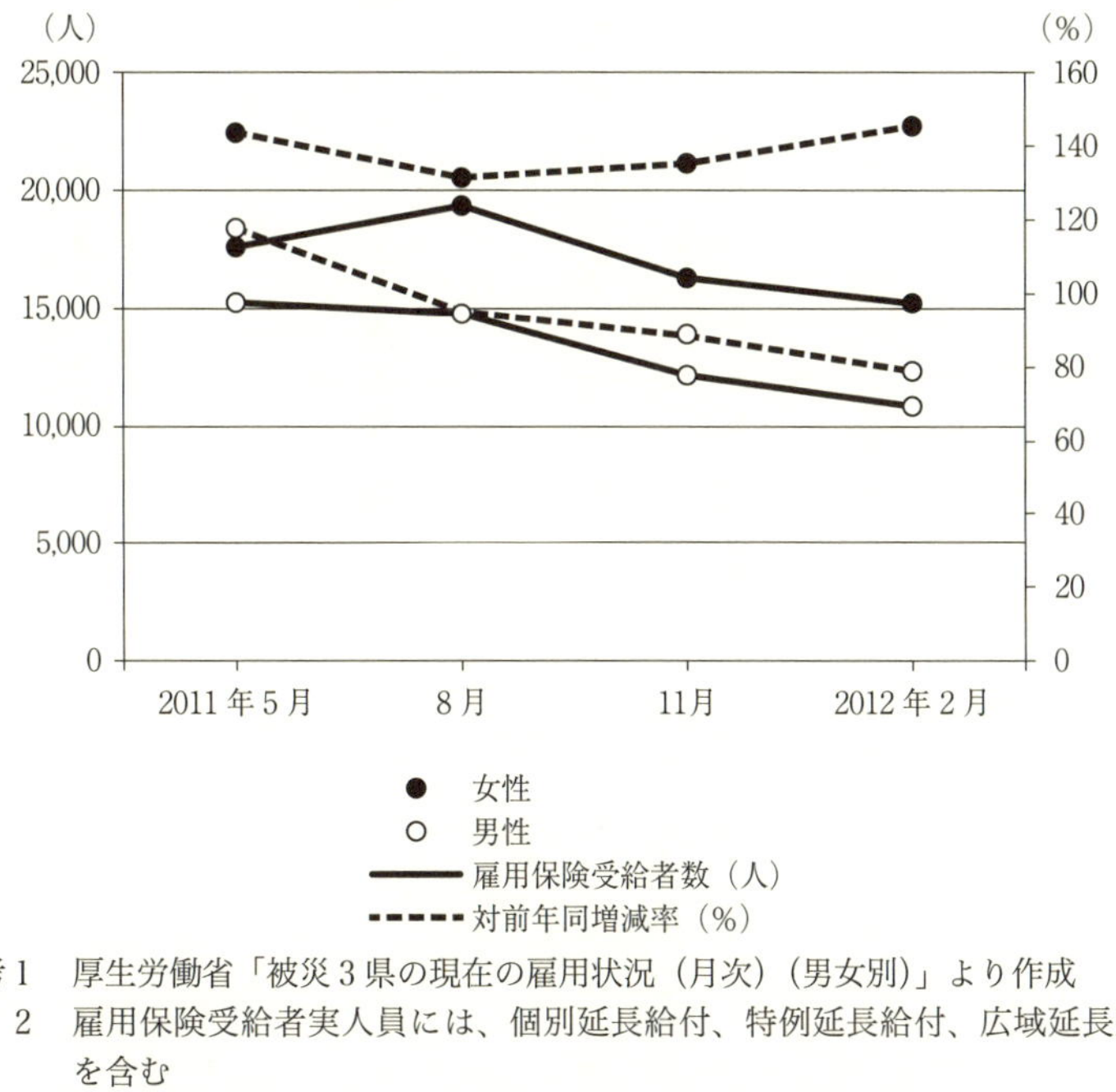

備考1　厚生労働省「被災3県の現在の雇用状況（月次）（男女別）」より作成
　　2　雇用保険受給者実人員には、個別延長給付、特例延長給付、広域延長給付を含む
　　3　雇用保険の数値は自発的失業や定年退職、その他特例（休業、一時離職）対象分も含む

出典：内閣府男女共同参画局『平成24年版　男女共同参画白書』2012年、19ページ。

第1章

「人間の復興」としての被災女性支援

1　宮城の女性たちの防災の取り組み――東日本大震災発生前

阪神・淡路大震災の教訓を受けて

一九七八年に宮城県沖地震を体験し、再度の宮城県沖地震が高い確率で発生すると言われていた宮城県では、東日本大震災以前から防災に対する関心は高かった。しかし、女性視点による防災の取り組みが意識されるようになったのは、一九九五年に発生した阪神・淡路大震災を女性視点から検証した発言が全国に発信されるようになった二〇〇五年以降のことだった[1]。

二〇〇五年八月にヌエック（国立女性教育会館）で開催された「男女共同参画のための女性学・ジェンダー研究・交流フォーラム」で「災害と女性」がテーマとしてとりあげられ、同年一一月には、ウィメンズネット・こうべ編『災害と女性～防災・復興に女性の参画を』と同『女たちが語る阪神・淡路大震災』が立て続けに刊行された。

そこには、阪神・淡路大震災では、震災犠牲者は女性のほうが男性より一〇〇〇名ほど多かったのに対し、仮設住宅で亡くなって発見されたのは七割が男性だったこと、不安定雇用で働いていた女性の多くが解雇に直面したことなど、被害のありようは男女で異なったこと、貧困やひとり親家族など震災前から困難を抱えていた者ほどより深刻な被害に直面したこと、震災後は突然の大家族状態や福祉サービスの中断により、性別役割が復活・増大し、女性の負担が増強したこと、DVや性被害など女性に対する暴力が増加したことなどが指摘されていた(2)。

ヌエックのセッションに参加してこうした事実を知った「特定非営利活動法人イコールネット仙台」(以下、「イコールネット仙台」と記す)の代表理事・宗片恵美子さんは、女性視点での防災の取り組みの必要性を強く意識した。そこで二〇〇六年九月に、「ウィメンズネット・こうべ」の代表を仙台に招いて講演会を開催し、そこでの学びをいかして、二〇〇八年、「災害時における女性のニーズ調査」を実施した。

この仙台市の女性一一〇〇人に対するアンケート調査を進めていたさなかの六月、岩手・宮城内陸地震が発生した。イコールネット仙台は急きょ、被災地の東松島市や栗原市の被災女性たちへの聞き取り調査に取り組んだ。これらの調査結果は、イコールネット仙台『災害時における女性のニーズ調査』(二〇〇九年二月)にまとめられている。

同報告書にはあわせて、調査結果をもとに作成された「女性の視点からみる防災・災害復興対策に関する提言」が掲載されている(表1)。

この調査から三年後の二〇一一年三月一一日、東日本大震災が発生した。被災後、この提言を作成した女性たちはみずから被災しつつもこの提言を念頭に直ちに女性視点による被災女性の支援に動き始めた。本章では、東日本大震災での被災女性支援によって明らかになったことを、この提言をまとめたイコールネット仙台の支援活動をもとに検証する。

表１　女性の視点からみる防災・災害復興対策に関する提言

１．意思決定の場における女性の参画の推進
(1) 防災・災害復興対策に関する意思決定の場に、女性を責任者として登用する。
(2) 防災計画策定段階に女性の参画をすすめる。
(3) 女性のもつ専門的知識やネットワーク及び地域レベルで蓄積された知識や経験を活用する。
(4) 各種防災政策において、女性の視点を反映させるため、防災担当部局に女性職員を積極的に配置していく。
(5) 避難所・仮設住宅の運営への女性の参画をすすめる。

２．女性の視点を反映させた避難所運営
(1) 性別に配慮した避難所の設計を工夫する。（授乳室、男女別更衣室、男女別トイレ、プレイルームなど）
(2) 救援要員への女性の参画、女性向け物資の備蓄、女性（高齢者、障がいのある人等）に配慮した設備や相談窓口を防災マニュアルに盛り込む。
(3) 避難所のトイレを安全な場所に設置するなど、整備体制を整え、女性や子どもが性被害にあわないように配慮する。
(4) 避難所で、調理室や洗濯場などが避難生活の場として利用できるように配慮する。
(5) 避難所に女性のためのクリニックや助産師によるからだの相談窓口を開設する。
(6) 避難所における掲示物等に多言語または絵文字等誰にでもわかる表現方法を使用する。

３．多様な女性のニーズに応じた支援
(1) 女性は、子どもや介護の必要な高齢者や障がいのある家族の世話をする立場にあって、自分ひとりの意思では行動できない場合がある。そういう人たちを最優先に支援できるようなシステムをつくる。
(2) 在宅の被災者や障がいのある人にも正確な情報や物資がもれなく届くよう配慮する。
(3) 災害時及び被災後、外国籍の人々にも被災者としてのサポートを行う。その際、出身地によって文化が異なるので、被災者のニーズにあった配慮を行う。
(4) 心とからだのケアなど被災した女性のための相談を無料で提供し、利用しやすくする。
(5) 障がいのある人、妊産婦、病人、高齢者などのニーズを踏まえたきめ細かなサポート体制を整備する。

４．労働分野における防災・災害復興対策
(1) 災害時には災害特別休暇が男女ともに取得できるようにする。
(2) 災害を理由に不当に解雇された女性に対する労働相談窓口を速やかに開設する。
(3) ひとり親家庭や離職した女性に対する経済的支援や自立支援を行う。

５．災害時におけるDV防止のための取り組みの推進
(1) 災害時のような混乱時には、レイプやDVが起こることを予測した取り組みを進める。
(2) 男性がストレスからの暴力を弱者（女性・子ども・高齢者等）に向けないような取り組みを進める。
(3) 電話や面接相談の開設や一時的保護施設が通常施設以外にも用意されるようにする。
(4) 性暴力被害者が責められることなく訴えることができ、支援されるシステムを作る。

６．防災・災害復興に関する教育の推進
(1) 女性の災害・復興アドバイザーを育成し、地域に住む人々の支援体制を実効性のあるものに整備する。
(2) 妊産婦、乳幼児をもつ女性、介護している女性等を対象に、防災に関する研修や訓練の機会を提供する。その際、臨時の託児所やショートステイサービスなど参加しやすくするための環境づくりをすすめる。
(3) 防災に関して、自治体の防災担当職員の人材育成及び地域の防災リーダーやボランティア組織・NPO等のリーダー育成をすすめる。
(4) 災害にかかわる正確な情報を入手する方法や情報を伝えるネットワーク形成に向けた研修を地域レベルで行う。

＊『災害時における女性のニーズ調査』NPO法人イコールネット仙台、2009年２月

2　被災女性支援で明らかになったこと

東日本大震災では被災地の多様な女性グループが被災女性の支援を展開した。イコールネット仙台も被災女性支援にたずさわった。その代表理事の宗片恵美子さんと理事の一人である筆者は、被災から一カ月後、ポケットマネーでリップクリームとおりものシート（女性が下着につけて使用する薄い生理用ナプキン様のもの）を山ほど買い込み、県内の被災地のお見舞い訪問を開始した。

避難所に外部の者が立ち入ることは、さまざまな理由から容易ではなかった。私たちは、地域の男女共同参画の取り組みのなかで日常的に親交のあった登米（とめ）市、気仙沼市、栗原市、東松島市の職員に避難所の女性たちをお見舞い訪問したいとの意向を伝えた。災害時の女性問題に理解のあった職員たちは、お見舞い訪問の趣旨を理解してくれた。そして、被災者対応や避難所運営に忙殺されていたにもかかわらず、工夫を凝らして避難所のお見舞い訪問の手はずを整えてくれた（詳細は第1部第2章参照）。

こうして実現したお見舞い訪問で、私たちは避難所で多くの被災女性に会い、女性たちの状況を直に見ることができ、生の声を聞くことができた。そこで明らかになったのは、まずは被災女性が求めるニーズがきわめて重要な意味をもっているということだった。

女性のニーズは被災者の人権・尊厳・健康へのニーズ

女性たちは、まずは、安全・安心・健康に配慮された生活空間、プライバシーが確保されるプライベート空間を求めていた。体育館で雑魚寝状態のなかで、隣に寝ていた見知らぬ男性と目が合ってしまい、それからというもの、熟睡できなくなった若い女性、他人の目が気になって乳児に母乳をあげることができず、やむなく粉ミルクに切り替えたという若い母親たちがいた。

プライベートな姿を絶えず誰かに見られている状況は、女性でなくてもかなりのストレスになる。間仕切り（パーテーション）の設置は当然のニーズであった。

気仙沼市のある避難所では、高さ一・八メートルと一・二メートルの二種類の間仕切りがあって、避難者が選べるようになっていた。ここでは、避難者の要望でカーテンもつけられていた。これは、プライバシーを守るほかに、風やほこりよけにもなって好評だとのことだった。この避難所は施設の指定管理者が管理運営にあたっており、利用者のニーズを尊重する普段からの管理・運営方針を避難所の管理運営にも踏襲しているとのことだった。

栗原市では、二〇〇八年の岩手・宮城内陸地震の被災経験から、入浴施設のあるところを避難所とする、プライバシー確保のために一・四メートルの高さの間仕切りを使用するという方針が徹底され、さらには毎日被災者のニーズを出し合い、そのニーズに応えるためのシステムが導入されていた。栗原市の避難所では南三陸町からの被災者が生活していたが、このような避難所の運営は好意的に受け止められていた。

プライバシーを確保するための空間として要求されたのは、間仕切りだけではない。着替えをする場所がなく、毛布のなかでもぞもぞと着替えた、夜中の真っ暗ななか、避難所の外の仮設トイレに行く気になれず、水分を控えて体調を崩した、誰かに見られているようで安心して入浴できない、下着を他人の目にさらすのは自分のプライバシーをさらけ出しているようで干せない（そのため使用済みの下着を廃棄している女性もいた）などの女性の声は、それぞれ男女別の更衣室や物干し場、安心して使用できるトイレや入浴施設を切実に求めていた。安全・安心・

健康に配慮された生活空間、プライバシーが確保されるプライベート空間に対する女性たちのニーズは、被災者の人権、心身の健康と尊厳の確保に欠かせないものであった。

女性たちのニーズのなかには、洗濯物に関するニーズが多くあげられていた。「一〇〇人に一台の洗濯機では間に合わない」「干していた下着がなくなる」という声も聞かれた。

イコールネット仙台はせんだい男女共同参画財団と協力して、避難所生活を送っている女性たちから洗濯物を預かり、洗って届けるというボランティア活動を始めた。活動を始めた最初の頃、女性たちは家族の洗濯物は出しても自分の衣服、とりわけ汚れた下着を出してはくれなかった。同性であっても、自身のプライバシーをさらけだすのは容易なことではないのだ。

しかし、幾度も足を運び、会話をかわすなかでボランティアとも顔見知りになり、信頼関係ができてくると、ようやく自分の下着を預けてくれるようになった。こうして洗濯ボラは女性たちを信頼でつなぐための取り組みともなっていった。

女性のニーズは「生活弱者」のニーズを内包する

次に女性たちは、乳幼児や高齢者など、ケアを必要とする「生活弱者」のニーズをみずからのニーズとして求めていた。

避難所空間にかんする女性のニーズには、「授乳室や子どもが遊べる空間がほしい」「足腰の弱い高齢者にも使い勝手のいい空間にしてほしい」などの声が聞かれたし、支援物資に関しては、紙おむつ、粉ミルク、離乳食、おもちゃ、絵本、介護用品を求める声が多数あった。

二〇〇八年に実施した『災害時における女性のニーズ調査』でも、「子どもに食物アレルギーがあるので、除去食を与えられるか」「家族に既往症があるので、具合が悪くなった場合、対処できるか」「子どもに知的障がいがある。環境が変わると不安定になる。相談に乗ってくれる人がいるか」「心身に障がいをもった人のケアをしてもらえるか」などの記述がみられた。

乳幼児や高齢者、障がいをもった「生活弱者」のなかには、みずからのニーズを声にすることのできない人もいる。そうした声をあげられない人の声をすくいあげることができるのは、「生活弱者」に寄り添って日常的にケアをしている人である。ケアに携わる人は、ケアをするためにケアに必要な空間・物資を必要とする。ケアをされる側が求めるコト・モノは、ケアをする側が求めるコト・モノでもある。

社会的なケアが貧困で固定的な性別役割の根強いわが国では、いまだにケアの多くが女性に振り分けられている。ここには根深いジェンダーの問題がある。しかしそのなかでも、女性たちは、ケアを担う当事者としてのニーズという形で、「生活弱者」のニーズを声にしてきた。

ここには、女性の生き方のなかに、他者である「生活弱者」のニーズをみずからのニーズとしてとらえることのできるあり方、ケアする側とケアされる側のニーズを併せもつあり方が体現されていることが表れている。

女性の視点は、社会の脆弱な部分で困難を抱えている人たちの問題をみずからの問題として捉えるわけで、女性を超えて、さまざまな弱者の視点をあわせもつ普遍的な視点だといえる。

女性のニーズは生活者のニーズ

三つ目は、女性のニーズは生活者のニーズそのものだということである。

避難所空間に関する女性たちのニーズのなかには、先にあげたことのほかに、寝食スペースの分離、語りあうための共同の空間、夜間の子どもの学習空間、カーテン・網戸の設置、室温管理など、生活者としての多種多様なニーズがあった。

支援物資に関しては、体型に合った下着に対するニーズが多かった。救援物資の下着のサイズがM・Lしかなく、体形に合わない下着では体に悪い、高齢者はLLサイズを希望する人が多かった。若い女性のなかには、体にあわない下着を身に着ける気になれず、汚れた下着を着続けて膣炎になった人もいた。さらには、支援物資として受け取ったズボンを裾上げするのにソーイングセットがほしいという声も多く聞かれた。

筆者たちがお見舞い訪問した登米市の避難所では、「肌荒れ・唇荒れでマスクがはずせない」「お金があっても自分のものを買うのは後回しにしてしまう」「職探しや買い物に行くのにせめて口紅だけでもほしい」「身体にフィットした下着がほしい」などの声が多数だされた。

その後、このお見舞い訪問に同行した同市の職員や男女共同参画条例制定委員の有志が中心となって支援団体「えがおねっと」が立ちあがり、避難者に対してパーソナルリクエスト票を用いた個別のニーズ調査が実施され、サイズ別に下着を発注するなど一人ひとりにみあった支援活動が実施された(第1部第2章参照)。また、化粧品企業と連携して化粧品の提供とハンドマッサージ、フェイスマッサージサービスを行なう「デリバリーケア」も実現した。

後日この取り組みを行なった一人から次のようなメールを受け取った。

「笑顔を届けるプロジェクト」は大成功でした！…何よりも、マッサージを受けた被災された女性の方々の表情が一変したことに驚きました。会場がとても華やかになって、なんと2カ所とも避難所の男性代表の方々が喜んでくださいました。年齢に関係なく、年配の方までマッサージを受けていました。40歳前後の方に、「お肌つるつるですね」と声をかけたら、「幸せです」と言って涙を流されて、私も美容部員の方ももらい泣きしてしまいました。以前お見舞い訪問をした際にはマスクをして一言も話さなかった人なので、よく覚えていたのですが、昨日は別人のようにいろいろ話をしてくださいました。

近年、各地の高齢者向け施設や医療機関などで、メイクによって入所者や患者の元気を取り戻そうという試みが見られる。乳がんの手術を受けた女性への補正具、男性のかつらへのニーズなど、生活の質（クォリティ・オブ・ライフ＝ＱＯＬ）の向上が、生きることへの意欲を高めることも指摘されている。

被災直後、見慣れた風景、日常生活のなかで慣れ親しんできたもの／ことが一瞬にして消え去り、あたかも異界に迷い込んだような錯覚にとらわれた被災者は多い。筆者自身、震災直後の雪が降りしきる街なかを黙々と歩く人々の群れの一人になって二時間かけて自宅まで歩き続けていたとき、静まり返った人気のない真っ昼間の仙台駅に立ち入ったとき、がれきの山に覆われた静かな沿岸を目にしたとき、ここはどこ？　いったい私はどこに紛れ込んでしまったのかと、言い知れぬ不安感に襲われた。

そのようなとき、日頃見慣れていたものや風景にであうことは、失われた日常の世界につながる糸口を見いだしたように感じられて、ほっとした気持ちにさせられた。『女たちが動く――東日本大震災と男女共同参画視点の支援』（生活思想社、二〇一二年）の執筆者の一人、やはたえつこさんは、避難所にハンバーガーを持って行ったら、「平和な日常の味と香りだ」とことのほか喜ばれたと書かれているが、うなずける話である。

被災後の支援物資に関して、男性の髭剃りのための用具とシェイビング・クリームは必需品として歓迎される一方で、女性用の化粧品はぜいたく品として冷遇されたとの話も聞いた。しかし、QOLを高めることが前向きに生きる力へとつながるのであれば、被災者支援におけるこうした取り組みは、きわめて重要な「人間の復興」の一つだと言えよう。

また、避難生活をしている人のライフスタイルも多様で、早めの消灯時刻に不便を感じる帰宅が遅い勤労者や夜遅くまで勉強をする受験生、子どもの泣き声や走り回る音に肩身の狭い思いをしている子育て中の避難者、要介護者や心身に障がいをもつ人々とその当事者たちをケアする家族、ペットとの同居を望む避難者、固有のニーズをもつ性的マイノリティなど、多様なライフスタイルをおくる避難者がいた。

前述のニーズ調査では、「母子家庭で、災害後もパートを休むわけにはいかない。子どものことが心配」「一人暮らしで、地域の中での交流もない。いざとなったら、助けだしてもらえるか」「在宅でも、情報の提供や救援物資の支給をしてもらえるか」などの声も聞かれた。

被災前の日常生活に近い避難生活ができることは、人権・尊厳・健康が確保された避難生活と並んで、「人間の復興」の出発点として重要な意味をもつ。

3　女性のニーズを実現させるには

ニーズを実現するためのひとづくりとネットワークづくり

被災女性を支援することを通じて明らかになったもう一つは、「支援する」とは支援を実現するためのひとづくりとしくみづくり・ネットワークづくりだったということである。

避難所の女性たちは、当初から自身のニーズを声にできたわけではなかった。多くの女性たちは、避難所生活という非常時には、自分たちが求めていることはがまんすべきことだと思いこんでいた。避難所のリーダーの多くは男性で、旧来の地域の自治会のシステムが復活しているところでは、女性が何かを発言すると、「和を乱すな」「みんな我慢をしているのに、ぜいたくなことを言うな」と言われ、自由にものが言えない雰囲気がみられた。そのような避難所では、陰で不満が絶えず、人間関係でのトラブルが発生しやすく、概して暗い雰囲気が漂っていた。

しかし、女性の視点で支援する女性たちは、被災女性がホンネを語るきっかけをつくり、そこで語られたニーズが実現されると、女性たちの姿勢が徐々に変わり、みずからニーズを口に出すようになった。そのような避難所では明るさを獲得し、前向きに生きる力を取り戻したように感じられた。

被災女性のニーズを実現するには創意工夫と新たなつながりが必要だった。筆者がかかわったケースの一つを紹介する。支援物資として受け取ったズボンを裾上げするのにソーイングセットがほしい、支援物資として受け取った化粧品を保管するためのポーチがほしい、手鏡がほしい、外出する際のバッグがほしいなどの声に応えようと、これらの物資を調達する手立てが考えられた。筆者はこれらの声を、友人である生活思想社の五十嵐美那子さんに伝えた。すると五十嵐さんを中心としたさまざまなつながりから「宮城女子力支援プロジェクト」が立ち上がり、次々に変わる被災女性のニーズにマッチした支援物資を集め、届けてくれた。

支援物資は、遠くは広島からも届き、受け取った支援物資は段ボール箱にして九〇箱以上になった。後方支援とも言えるこの支援の記録は宮城女子力支援プロジェクト編『東日本大震災　宮城女子力支援プロジェクトの記録』（二〇一一年九月、非売品）に詳しい。

また、五十嵐さんを通じて、被災女性のニーズを知ったいくつもの女性団体・グループが、通常の支援物資とは異なる類の物資を被災地に届けた。季節が変わると被災者のニーズも当然変化する。夏になると、虫除けスプレー、扇子・折り畳める帽子・さまざまなサイズのTシャツや下着、避難所内外の交流が増えるとアクセサリーなど、被災者の声に即座に応じた行動力はじつに頼もしかった。

ソーイングセットに関しては日本家政学会が、化粧品に関しては複数の化粧品メーカーが大量に提供してくれた。届いた支援物資は、中継地点を経て各地域の一時保管場所に発送され、そこで仕分けされ、避難所の被災女性へと届けられた。要するに、被災女性とつながった支援女性たちは、必要な人に必要なものを必要な時期に届けるという「流通システム」を考案し、実現させたのである。

変化するニーズ／変化する支援

応急仮設住宅が徐々に整備され、避難所生活から応急仮設住宅へ移る被災者が増えてきた発災から四カ月が経過した頃、支援物資を受け取った被災女性から新しい声が聞こえてきた。

「私は頭のてっぺんから、足の先まで、私が身に着けている物はすべて支援物資としていただいたものです。大変ありがたいとは思うのだけれど、こんな自分を見ていると情けなくなります。自分の稼いだお金で買ったものを身に着けたい。これがいま、私が求めていることです」。

被災女性のニーズが変化してきたのである。

このような声に応えて、イコールネット仙台をはじめ多くの女性支援では、手仕事での小物作りの講習会や作品の販売支援、仮設でのお茶っこ会や産直市の開催支援などがメインの支援となってきた。

筆者は直接かかわることはできなかったが、被災女性の雇用問題は深刻だった。津波被災地ではもともと多くの女性たちが水産加工業で働いていた。しかし、被災後、彼女たちの職場の多くが失われ、多くの女性たちが失職した。厚労省によると、宮城県の雇用保険受給者実人員は二〇一一年五月時点で男性一万五二九六人、女性一万七六五二人だったのが、同年八月には男性一万四八一〇人、女性一万九四〇六人と、男性は減少したのに女性は増大した。

被災から一年近くたった二〇一二年二月には男性一万〇八七五人、女性は一万五二五一人で、女性は男性の一・四倍だった。震災以前は男女がほぼ同数だったというから、震災以降、雇用面での男女格差が拡大していると言える(3)（第1部中扉グラフ参照）。雇用保険に入っていないパートに女性が多いことなどを考えると、女性の失職者はさらに多いことが推測される。

被災後、男性は日当七〇〇〇～八〇〇〇円の漁協の片づけやがれき処理、女性は無償の避難所での食事の準備と後片付けという形で性別役割分業が復活したが、そのなかでも、被災直後から女性たちが職を求めてハローワークに通ったことはよく知られている。

このような女性たちの雇用にかかわる自立支援は、地場産業の再建促進や企業への働きかけなど、国や自治体が責任を持つことは言うまでもないが、農家レストランや手作り雑貨、加工食品製造などの起業や雇用促進、職探しのための無料託児室の開設など、ＮＰＯでも工夫を凝らして取り組まれた。また、再就職希望者に対してもこれまでなされてきたようなスキルアップ講座などの「入口」支援だけでなく、「新たな働き場所をつくる」「既存の働き場所につなげる」などの「出口」支援もみられた。こうして被災女性の支援は生活復興の段階に応じて変化し、徐々に「人間の復興」の領域を広げていった。

女性リーダーの存在と意思決定の場での女性の参画

避難所の管理運営や復旧復興において女性のリーダーや意思決定の場に女性が参画することの重要性は、阪神・淡路大震災の教訓でも言われていたし、イコールネット仙台の提言でも掲げられていた。しかし残念ながら、今回の震災後、避難所や被災者支援の現場に女性リーダーは少なかったし、ましてや重要な意思決定の場で女性が参画できる機会は、めったになかった。

それでも、避難所や被災現場では必要に迫られて女性リーダーの活躍が見られた。筆者が訪問した東松島市のある避難所では、洗面所に生理用品や基礎化粧品が並べられ、誰でも使用できるような配慮がなされていた。またこの避難所にはＭＴＦ（体が男性でこころが女性）の避難者がいて、この避難者の要望を取り入れて広々とした更衣室を設置したり、入浴に配慮するなど、多様な避難者に配慮した管理運営がなされていた[4]。

これらのことは女性のリーダーや意思決定の場に女性が参画することの重要性を意味している。しかし言うまでもなく、リーダーになる女性にはリーダーとしての力が求められる。リーダーとしての力とは、一人ひとりの状況や被災状況に応じて柔軟に対応できる力、ニーズを実現するための手立てを考える企画力、その企画を実践する行動力と多様なネットワークを形成する力、行動した結果をチェックし軌道修正する力――ＰＤＣＡ（プラン・ドゥ・チェック・アクト）のことである。

これらの総合的な力は平常時の取り組みのなかで培われる。全国の男女共同参画センターなどでは、さまざまなイベントを企画・実践できる力をつけるための実践講座や、会議の仕方、交渉の仕方、率直に自分を表現するためのアサーション講座、リーダー養成講座など、実践的なスキルをエンパワメントする企画が多数開催されている。今回の被災地で発揮された女性の総合的な力の多くは、こうした日常的な男女共同参画の取り組みのなかで培われたものである。女性リーダーの存在と意思決定の場への女性の参画のためにも、女性のエンパワメントは喫緊の課題である。

注

（1）二〇〇五年八月二六～二八日ヌエック（国立女性教育会館）主催、平成一七年度「男女共同参画のための女性学・ジェンダー研究・交流フォーラム」で「災害と女性」が開催された。また、ウィメンズネット・こうべ編『災害と女性～防災・復興に女性の参画を』二〇〇五年一一月、同『女たちが語る阪神・淡路大震災』二〇〇五年一一月が刊行された。

（2）注1のほか、雇用問題については、いのうえせつこ『地震は貧困に襲いかかる――「阪神・淡路大震災」死者6437人の叫び』花伝社、二〇〇八年がある。

（3）内閣府男女共同参画局編『平成二四年版　男女共同参画白書』二〇一二年。『河北新報』二〇一一年一二月三一日、二〇一二年一月八日、二月五日、二月二三日、九月二六日付け記事。

（4）特定非営利活動法人イコールネット仙台『聞き取り集　40人の女性たちが語る東日本大震災』二〇一三年二月。

第2章

被災者支援は男女共同参画推進条例の初実践・登米市の取り組み

被災直後から女性支援にあたったのは、多くは、被災するずっと以前から地域で女性問題に携わっていた草の根の女性グループだった。一貫してひたすら女性に寄り添って活動を続けてきた女性グループが、被災後、これまでの活動の延長として、被災女性の支援にあたったのである。

そうしたなかで、地域の男女共同参画社会形成の取り組みの一環として、市民協働で女性支援にあたったという点で、登米(とめ)市での被災女性支援はユニークだった。地方自治体による地域の男女共同参画社会形成の取り組みは、男女共同参画社会基本法に則って全国で展開されているが、取り組みが成果を挙げているところはどこも、市民と行政との連携、いわゆる市民協働がうまくかみあって進んでいるところである。今回の震災で地域の男女共同参画の取り組みが中断したところが多いなかで、登米市の「えがおねっと」の誕生とその活動は、自治体の男女共同参画の取り組みを契機に、その実践として市民協働で取り組まれたケースだった。

登米市は農業を基幹産業とする宮城県北に位置する自治体である。「食の宮城」と言われる宮城県のなかでも農業産出高宮城県内随一を誇る登米市には、緑豊かな山間地域と田園地帯の典型的な「故郷」の風景が広がっている。二〇〇五年に近隣九町を合併して人口八万五千人となったが、人口は減少気味で、高齢化と過疎化の深刻な課題を抱えている。世帯形態は、二〇一四年現在、三世代同居が三二・一％、二世代同居が四五・九％、夫婦のみの世帯が一二・〇％、単独世帯が四・七％と、単独世帯が群を抜いて少なく、逆に三世代同居率の多い地域である（二〇一一年の全国の数値は、三世代同居が七・四五％、二世代同居が三七・四％、夫婦のみの世帯が二一・七％、単独世帯が二五・二％）。

三世代同居をしている女性たちからは「家督」や「嫁役割」などの旧いしきたりが根強く残っているという声が聞かれ、男女共同参画の意識もそれほど高いとは言えない地域だった。しかし、このような状況をなんとかしたいと思っていた市民も少なからずいて、新しい登米市の形成には男女共同参画が必要だとの思いをもった布施孝尚（たかひさ）市長のイニシアティブのもとに、二〇〇七年に「登米市男女共同参画基本計画」が策定され、市民協働で男女共同参画の取り組みが進められていた。この登米市で男女共同参画推進条例が制定されることとなり、筆者は二〇〇九年から条例策定に協力することとなった。

東日本大震災が発生した数日前、登米市では一年以上の審議を経てつくられた男女共同参画推進条例が二〇一一年三月の議会で可決・成立した。震災が発生したとき、筆者は当時登米市の男女共同参画担当職員だった三浦徳美さんと、仙台駅付近のビルの喫茶室にいた。四月一日の条例施行を前に、条例にもとづく基本計画を策定する会議を四日後に控えて、最終の打ち合わせをしていたところだった。巨大地震は打ち合わせがほぼ終了したところで発生した。当然のことながら四日後に予定されていた会議は延期され、その会議が開催されたのは四カ月後のことだった。

大震災発生以降、被災地の自治体では、自治体自身と職員も甚大な被害にあって、通常の業務はストップし、多くの職員が被災対応に追われることとなった。会議の延期はやむをえないとしても、男女共同参画の取り組みそのものは中断されてはならない。男女共同参画に限らず福祉や教育など市民生活に直結した取り組みは、緊急の被災対策のなかでも続けられなければならない。なぜなら、被災したからといって市民の生活が中断されることはないからである。

登米市の女性たちは、災害発生の初期の段階から、男女共同参画の取り組みを被災者支援として実践し、めざましい力を発揮した。その登米市の女性たちが、「えがおねっと」という小さなグループを立ち上げ、登米市内に避難していた隣の南三陸町の女性被災者を対象に、「女性視点」に立ったユニークな支援を実施した。地域の男女共同参画社会の形成の取り組みがそれほど進んでいたとは必ずしも言えなかった登米市で、しかも震災後の多くの被災自治体でそれまでの男女共同参画の取り組みがストップしていた状況下で、いわば「被災下での男女共同参画の取り組み」として被災者支援が市民協働で取り組まれたのである。

なぜこの支援が実現したのか。「えがおねっと」の支援の取り組みの詳細は、『女たちが動く』に掲載されている「えがおねっと」代表の須藤明美さんの報告を参照していただくことにして、ここでは登米市での女性支援の原動力をさぐってみたい。

1　きっかけは避難所のお見舞い訪問

「えがおねっと」誕生のきっかけは、イコールネット仙台による避難所の女性たちへのお見舞い訪問であった。

被災から一カ月近くたった四月七日、イコールネット仙台の宗片恵美子さんから筆者にメールが届いた。

「今回の震災の被災女性を対象にした調査を行いたいが、二〇〇八年に実施した災害時の女性のニーズ調査とは異なり、今回は実際に被災し、痛みを抱えた女性たちが対象である。調査の内容、手法、タイミングなどの検討が必要であるし、避難所に「調査」を目的に入っていくのにもためらいがある。どうしたものか」という相談だった。

幾度かのメールのやり取りの結果、お見舞い訪問という形で避難所の女性たちに支援物資を届けるかたわら、避難所生活で困っていることなどを聞かせてもらってはどうだろうということになった。ではどこにお見舞い訪問に行くかという話になり、とりあえず、二人が関わっている県下の自治体の職員や女性団体に相談してみようということになった。筆者は男女共同参画関連の委員会・審議会の委員を引き受けているいくつかの自治体や女性団体に相談と依頼のメールを送った。その依頼に最初に応えてくれたのが登米市だった。

登米市自身、東日本大震災では四月七日の余震を含め、津波の被害こそなかったが、犠牲者二八人（他に行方不明三人）、住家・非住家をあわせた被害は六一二四棟という甚大な被害を受けた。登米市は、自身が震災でこのような被害を受けていたにもかかわらず、市長の決断で、津波で壊滅的な被害を受けた隣接の南三陸町をメインに、周辺の自治体の被災者に避難所を提供したり水を補給するなど、いち早く支援に取り組んでいた。震災直後は市内の公共施設など五三カ所に避難所を開設し、津波の被害を受けた南三陸町など隣接する沿岸被災者の受け入れ体制を整え、ピーク時には延べ一一の避難所で南三陸町、石巻市、女川町の住民八三三人を受け入れていた。

当時、登米市の職員は誰もが、通常の業務をこなしながら、市内外の被災者や避難所の対応、破壊された建造物や道路などのインフラへの対応にあたり、多忙を極めていた。にもかかわらず、イコールネット仙台の依頼を受けた男女共同参画担当の職員は、お見舞い訪問の実施に向けて敏速に対応してくれた。というのも、登米市では震災直後の四月一日に施行されたばかりの男女共同参画推進条例が他市の市民をも対象としていたことから、避難所での女性のニーズを聞くことは同条例の精神に合致したものであることとして、条例の実践と位置付けたからである。こうして、担当職員により、七カ所の避難所の四〇〇人の女性にニーズを聞く手はずが整えられ、四月二八日、お見舞い訪問が実現した。

この訪問は、その後の他の自治体の避難所訪問とあわせ、被災女性支援活動の土台となった。登米市の避難所訪問で明らかになったことは、おおよそ以下のとおりである。

自治体の枠を越えた被災者支援

訪問した七カ所の避難所のうち一カ所には気仙沼市、石巻市の市民も避難していたが、他の六カ所の避難所に避難していたのはすべて南三陸町民だった。

多くの避難所では、以前の地域コミュニティを維持することを目的として、被災以前に同一の地域で居住していた住民がまとまって生活していたが、働く母親と小学校入学前の子どものいる世帯は、保育所などの情報・手続きが円滑に遂行することを目的として、同一の避難所で生活するよう配慮されていた。その避難所では共通する生活スタイルやニーズをもった避難者が多く、必要な物資だけでなく必要な情報もほぼ洩れなく得られていたようである。

施設入居を必要とする被災高齢者に対しては、正規の手続きを後回しにして高齢者施設に応急的に入所できるような対応がなされていた。他自治体からの要介護高齢者は、他の自治体の住民であるうえに、入所に必要なこれまでの書類がすべて津波で失われていることから、正式な入所手続きをするには、特別な対応や法制度上の整備が必要であった。

高齢者に限ったことではないが、他自治体からの特別の配慮が必要な被災者の受け入れは、自治体内の被災者とは異なった対策が求められる。防災・減災対策の一つとして、近隣自治体との間で対応を取り決めておくことが必要であろう。

避難所の管理・運営と周辺住民との関係

登米市内の多くの避難所では、旧自治体の区長が運営責任者となり、その下に班長がおかれ、毎日定期的に行政職員同席のもとに班長会議が開かれていた。区長は全員男性だったが、班長には女性もいて、ある避難所では一五人の班長のうち半数が女性だった。女性リーダーがいて、うまく要望を行政や支援団体に伝えている避難所では避難者の表情も明るく、人間関係も円滑のように感じられた。逆に女性たちが意見をだしにくい避難所では、たとえば化粧品が欲しいと言うと贅沢だという男性リーダーがいるところでは避難者の表情も暗く、人間関係も円滑ではないように感じられた。

また、ある避難所では、近くのスーパーに買い物に行くと特別な目で見られるのが苦痛だったとの声が聞かれた一方で、別の避難所では、避難所近隣の登米市民が自宅の風呂を避難者に提供したり、お茶に呼んでくれたりして心が和んだという声も聞かれた。避難所生活の息苦しさを軽減するには、避難所の管理運営だけではなく、避難所周辺の住民との関係も大きな意味をもつと実感した。

避難所のハード面

体育館や小学校などが避難所となったところでは、もともとあった更衣室が物置になっていたり、避難スペースから遠いところにあり、不便であったため、利用されていないか利用できない状態にあったところが多かった。しかしなかには、女性たちの要望で、洗濯室の一角に入所者の大工さんが更衣室を作り、歓迎されていた避難所もあった。この避難所では女性たちの声も取り入れた運営がされていて、明るい雰囲気だった。

間仕切りの使用は避難所でまちまちだった。ある避難所では、間仕切りする材料が入口付近に山積みにされ、使用されていなかった。わけを聞くと、「間仕切りがあると避難所の見通しが悪くなり、管理が行き届かなくなる」「避難者の状況が把握しにくくなる」「不審者が入ってきてもわかりにくく、治安上問題がある」「避難所の一体感が損なわれる」などの理由で、管理責任者の意思で使用されていないとのことだった。

避難所の女性たちの多くは間仕切りを要望していたが、なかなか実現されないことであきらめてしまい、「もう慣れてしまった」という声も聞かれた。「女性たちが間仕切りを求めている」という声を私たちが管理者に伝えたところ、後日、設置されたとのことであった。

洗濯物干しスペースは男女別のところが多かったが、男女別でないところもあり、またスペースが狭くて干せないという声も聞かれた。

避難所の生活面

避難所生活のなかで大きなウェイトを占める食事については、当初、メニューは栄養士が作成し、食材は行政側が手配、調理は避難女性がシフトを組んで担当しているところがほとんどだった。調理当番にあたった女性たちは、一〇〇人分ほどの三食の調理と片付けをしなければならず、朝の六時半頃から夜の八時頃までずっとかかりきりで、かなりの負担になるうえに、時間が限られている入浴サービスを利用することができずにいた。

避難生活が長くなるにつれて外に働きに出る女性も増え、避難女性のみで調理を担当するのは限界となり、男性も少数だがシフトに入るようになったり、調理ボランティアが入ったり、業者に依頼するようになったりして、次第に改善されていった。

入浴は、時間を決めて送迎バスが出て、近くの入浴できる施設に行く。しかし、時間が限られていて、とくに夜間の入浴は希望者が多いため、三日に一度しか入れない状況だった。これから夏に向かう時期で、部活を終えた子どもや仕事で帰宅が遅くなった人などを中心に、入浴に対するニーズは切実だった。

このほか、避難者の多様なライフスタイルを反映して、帰宅が遅くなっても不便でないように、また遅くまで受験勉強ができるように消灯時刻に関しても多様なニーズが聞かれた。ボランティアに対しても、入浴ボランティア、支援物資で支給されたズボンのすそ上げなどの衣服リメイクボランティア、カットや髪染めなどの美容師ボランティアなど、多様なボランティアを求める声が聞かれた。

必要な支援物資

支援物資に対するニーズはさらに多様だった。サイズの合う下着、アイロン、裁縫セット（支援物資の衣服の丈つめなどに必要）、基礎化粧品、口紅、アイライナーなどメイクアップ用の化粧品、手鏡、春夏用の上下衣服（ただし、スカートは不要）、尿漏れ用のパンツ、サニタリーショーツ、ナプキン、ライナー、タンポン、シーツ、タオルケット（これまでは毛布を敷いていたが、これから暑くなるのでシーツが欲しい）、乾燥機・洗濯機が足りない。虫対策用品（牧畜や農業、中山間地域では夏に向かい虫が大量に発生し、体育館の避難所などでは困っている）。

こうして避難所の女性たちからは非常に活発に意見が出され、帰り際には、「女性たちが意見を聞く集まりを初めてもてた。こうした集まりを定期的にもってほしい」という声が、集まりに参加した避難所の女性たちからあがった。

2 お見舞い訪問から「えがおねっと」へ

このお見舞い訪問には、自治体の担当職員のほか、男女共同参画基本計画策定委員会の委員長であり、条例策定委員でもあった須藤明美さんも同行し、避難所生活の実情と生の声をともに聞いて回った。避難女性の実情とニーズを知ったからには何とかそれに応えたいと、「えがおねっと」が結成され、支援活動が展開されたわけである。

被災女性一人一人のニーズに応えるための「パーソナルリクエスト票」による個別のニーズ調査、多様なニーズにみあった支援物資を調達するために学会や企業への依頼、提供された支援物資の保管場所の確保、そして被災者へ届けるための仕分け作業と工夫を凝らしたラッピングなど、「えがおねっと」の支援は、じつにユニークだった。この取り組みは『平成二四年版　男女共同参画白書』にも先駆的ケースとして紹介された。

「えがおねっと」の活動は、登米市の広報にも八ページにわたって大きくとりあげられた(1)。登米市の広報誌に掲載された、五月（二〇一一年）下旬に避難所で開かれた「わたしをいたわろう。ちょっとのんびりタイム」の記事の一部（「えがおねっと」代表・須藤明美さんへのインタビュー）を紹介する。このイベントは化粧品メーカーの協力で、避難所女性に対してマッサージやメイクアップをして化粧品を支援物資として渡すものである。

避難所の男性代表者の方に、「こういうことをしたいんですが」とお話ししたところ、一部の避難所の男性代表者から「避難所生活に化粧品のようなぜいたく品は必要ないよ」と言われました。そこで、4月に私たちが避難所を回った時に聞いた女性たちの声や「今の時代、化粧品は女性にとって日用の必需品であって、決してぜいたく品ではないんですよ」ということを訴え、何とか開催の許可を得ました。

この頃はよく、新聞やテレビなどでは、避難所でマグロのお寿司や牛肉のステーキが振る舞われたという話を目にしました。男性が食べられるお寿司やステーキなどはぜいたく品ではなくて、女性が使う化粧品はぜいたく品なのかと、私は疑問に思いました。

その「のんびりタイム」も各避難所で開催され、私たち「えがおねっと」はマッサージを待つ間に皆さんとお茶を飲みながらお話をさせていただきました。はじめは皆さん、構えていたのですが、自分からだんだんと津波の話や当時の大変だったお話を話し始めました。大変だったことを誰かに聞いてほしい、話すことで癒やされるということが伝わり、一緒に涙を流しながら話を聞きました。

マッサージやティータイムが終わる頃には、皆さん、すっきりとした顔に。別れる頃には何年も前からの知人のように親しくなり、握手まで求められるようになりました。

のんびりタイムが終了する頃には「化粧品はぜいたく品」と言って渋っていた男性代表者の方から「母ちゃんたちがあんなに喜んでいるのを見てびっくりした〜。避難所に来てからあんなに笑顔の母ちゃんを初めて見たよ」と言っていただきました。「女性が明るくなると、周りまで明るくなるんだな」ということを

実感しました。（『広報Ｔｏｍｅ』二〇一二年一二月、六ページ）

こうして「えがおねっと」の取り組みは市の広報誌を通して登米市全体に共有されていったのである。

3　条例づくりで培われた力──「えがおねっと」の原動力

しかしだからと言って、登米市は男女共同参画の取り組みが際立って進んでいたかと言えば、必ずしもそうではなかった。このような登米市で、しかも震災後の多くの被災自治体ではそれまでの男女共同参画の取り組みが完全にストップしていた状況下で、いわば「被災下での男女共同参画の取り組み」として被災者支援が市民協働で取り組まれ、大きな成果をうみだすことができたのはなぜなのだろうか。以下、登米市での女性支援の原動力をさぐってみる。

＊　＊　＊

まず指摘されなければならないのは、「えがおねっと」の底流には、登米市の男女共同参画推進条例づくりがあったということである。

登米市では、登米市総合計画に位置付けられていた男女共同参画社会の形成を推進することを目的として、二〇〇九年に男女共同参画条例策定委員会が設置された。

委員会では毎回最初にその日のメインテーマに関する研修会が持たれ、そのテーマが登米市では具体的にどのような問題として生じているかが現場の体験を踏まえて語りあわれた。

委員のなかにはいわゆる女性問題の専門家はいなかったが、暮らしやすい登米市にしたいという地域への熱意と行動力は人一倍強い委員がそろっていた。登米市の産婦人科医療機関がなくなることに危機感を抱いていた委員は、それが男女共同参画政策のなかのリプロダクティブ・ヘルス／ライツの課題の一つであること、民生委員として活動していた委員は、地域の子どもや高齢者の問題が男女共同参画と密接につながった問題であること、元消防士として妊娠中の被災者支援に携わったことのある男性委員は、女性の立場からの防災の取り組みが必要であること、仕事をもち、家庭責任を果たさなければならない娘の今後を案じていた男性委員は、これが家庭内にとどまる問題ではなく、社会で取り組むべき男女共同参画の根幹問題であることを実感から理解した。

そして、登米市で生まれ育った自分たちの子どもたちがいずれは登米市を離れてしまうのではないか、他自治体から転居してきた若い市民もいつか登米市を去ってしまうのではないかと案じていた他の委員たちも、若い人たちにとって暮らしやすい登米市をつくることは男女共同参画のテーマとつながっていることを理解した。

こうして研修会を重ねるなかで、地域活動で取り組んでいた課題と男女共同参画との接点を見出した委員たちのなかに、女性の力を発揮することなしに地域は活性化しない、ずっと登米市で暮らしたいと思える登米市をつくるために男女共同参画社会が必要であるという確信が芽生え、そのために実効性ある「使える」条例を作ろうという情熱がうまれていった。委員会では分科会をつくり、条例素案の練りあげが進められた。

委員たちは審議に力を尽くしただけではなかった。素案を市民に説明し意見を求めるパブリックコメントとして開催された七回のタウンミーティングでは、委員が手分けをして人を集め、タウンミーティング開催の準備から当日の運営、司会をこなした。こうして登米市に根を張った市民委員たちが、知識を獲得し、体験のなかで地域づくりと会議運営のリーダーになっていった。そしてこの委員の有志によって「えがおねっと」が立ち上げられたのである。

4　ユニークな条例内容と条文形態

一年以上をかけて、かけ値なしの市民参画でつくられた登米市の男女共同参画推進条例はきわめてユニークなものであった。たとえば条例には、登米市にも身体の性に違和感を抱いている子どもがいるというある委員の発言がきっかけで、「性同一性障がい者等に対する配慮」（第三条第八項）という条項が掲げられた。このような条項をもった条例は全国的にはさほど珍しくはないが、東北では初めてのことであった。

また、すべての人にかかわる条例なのだから誰にでもわかりやすく、なじみやすい表現にしようということで、条例としては珍しく、文体を「です・ます」調にしようということが委員会で確認された。当初これには行政内部から、自治体の法令の文言を定めた規程に反するとの意見が出された。そこで、ではその規程を改正してもらおうということになり、当初二〇一〇年一二月に予定されていた議会への条例の上程を二〇一一年三月議会に延期し、一二月議会で文書規程の改正が上程され、その可決をまって、三月議会で「です・ます」体の条例が実現した。

それだけでなく、この条例は実践されて初めて効力を発揮するものであることが、条例制定にいたるさまざまな場面で繰り返し確認された。

条例とは、言ってみれば電気が通じることである。電気が通じても、テレビがなければテレビを見ることはできないし、パソコンがなければＩＴ技術を利用することはできない。テレビやパソコンがあっても、その使い方がわからなければ電気が通じた実際の効力は発揮されない。条例も同じで、制定されるだけでは意味がない。それを活用できる手立てと力が必要である。

二〇一一年二月、大震災の一カ月前、登米市では人権擁護委員協議会と共催で条例の最終説明会を兼ねた講演会が開催され、そこで布施市長は以上のような趣旨の発言をしたそうである。作っただけでは力にならない、実現するには条例制定後の取り組みが必要なのだということを、市長も委員たちもしっかりと認識していたのである。そしてこのことが、震災後の被災者支援を条例の初の実践として取り組もうということにつながり、被災後の南三陸町民の避難所への支援につながったのだと考えられる。

5　市民と行政の協働の力——もう一つの「えがおねっと」の原動力

「えがおねっと」を語る際に忘れてはならないのは、「えがおねっと」が市民と行政の協働の結実であり、同時に登米市を超えた多くの人と団体とのネットワークのたまものだということである。

「えがおねっと」による支援が実現したのは、被災者支援を条例の実践として位置づけ、行政と市民が協働で取り組んだからにほかならない。「えがおねっと」のメンバーはそれぞれ、個性ゆたかな地域の女性リーダーだった。代表となった須藤さんは、牛の繁殖、水稲の専業農家を営んでいる自称「農家の嫁」であるが、登米市の医療を考える会の会長であり、地域の医療について取り組むと同時に登米市男女共同参画条例策定委員として条例の策定に携わり、いまも登米市男女共同参画審議会委員として登米市の男女共同参画に取り組んでいる。副代表の小野寺寿美子さんは子育て真っ最中のヨガ・インストラクター、会計の小野寺範子さんはピアノ講師で登米市教育委員、監事の長谷浩子さんは民生委員の経験があり、仙台に事務所を構えている自営業主だった。

当初バラバラに見えた策定委員の一人一人の個性をいかし、委員それぞれの力をコーディネートし、チームワークをつくりあげる裏方の役割を果たしたのは行政サイドだった。担当職員は、二〇〇一年から二年間、宮城県環境生活部次長として勤務していた萩原なつ子氏（現在は立教大学教授、日本NPOセンター副代表理事）をはじめ、これまでの登米市の男女共同参画に関わったさまざまな人脈を駆使してアドバイスを受け、それをいかし、さらに企業・団体と交渉し、文字どおり黒子として被災者支援の段取りを行なった。「えがおねっと」が、支援物資の調達や配布など、スムーズにいきそうもないと思われるところをクリアし、困難な支援を実現できたのは、行政が協働の一翼としての機能を発揮したからに他ならない。

どこの自治体でもそうだが、熱意を持って仕事をする力ある担当職員のいるところは、市民との信頼関係を築き上げ、行政のシステムに則った段取りをとって、取り組みを成功裏に進めることができる。

登米市の女性たちが今回の支援で大きな成果を上げたのは、こうした市民と職員の協働の一つのモデルケースと言えよう。

6　被災者支援の教訓をいかして男女共同参画のまちづくりを

震災から三年が経過した二〇一四年秋、登米市では登米市とイコールネット仙台との共催で「自分力UP↑↑OH！TOMEカフェ—災害対策編」が開催された。全五回の内容は、「女性の声をみんなへ～いろんな場面で気づいた問題点～」「知っておこう！　備えておこう！　家の近くの避難所・危険な場所」「ハンディキャップを持つ人への支援～私にもできること～」「こころのホットケア」「ワークショップ　こんな時、どうしたらいい？みんなで話し合い、問題解決！」と実践的なものだった。登米市だけでなく南三陸町からの参加者もいて、毎回三〇名内外の女性が受講した。

この講座は、イコールネット仙台が二〇一三年度から開催している「女性のための防災リーダー養成講座」（第3部第2章参照）の登米市版である。

最終回のワークショップでは、仙台市での講座の修了生が組織している「せんだい女性防災リーダーネットワーク」の女性たちがファシリテーターを務めた。講座で学び培った力を発揮している様子をまぢかでみたことは、登米市の女性たちのよい刺激となった。

登米市の課題は、地域に根ざした力のある女性たちがいても、その女性たちのネットワークが十分形成されておらず、必要な情報交換と人的交流が必ずしも十分ではなかったことである。しかし、震災を契機に、ＲＱ被災地女性支援センター[2]（その後は特定非営利活動法人ウィメンズアイ）など、市外から被災者支援に取り組むたくさんの元気な女性たちが登米市で活動を始めた。そうした女性たちとの交流や活動を間近で見ることは、登米市の女性たちが変わるきっかけになった。筆者はかつて住んでいた埼玉県吉川市の男女共同参画の施策の取り組みに関して、「地域の男女共同参画の要は地域づくり・ひとづくり・組織づくり」と述べたことがあったが、登米市の取り組みはまさに「まちづくり・ひとづくり・組織づくり」だった[3]。

震災は、東北の女性たちの新しいネットワーク形成とリーダー力を確実にエンパワメントし、そうした女性たちとその取り組みを受容するまちづくりのきっかけともなったのである。

注

（1）『広報Ｔｏｍｅ』二〇一二年一二月、一八三号。

（2）ＲＱ被災地女性支援センターはＲＱ市民災害救援センター（ＲＱはレスキューの略）から派生した団体である。ＲＱ市民災害救援センターは二〇一一年三月、東日本大震災発生直後に発足した任意団体で、登米市に本部を置き、被災者支援にあたった。そのメンバーの一人が避難所のお見舞い訪問に同行したことがきっかけで、同年六月にＲＱ市民災害救援センターとは別にＲＱ被災地女性支援センター（ＲＱＷ）が設立され、避難所支援期から仮設住宅入居期、生活再建期にわたって女性支援活動を行なってきた。

特定非営利活動法人ウィメンズアイ（代表理事・石本めぐみ）は、ＲＱ被災地女性支援センターを発展改組する形で二〇一三年六月登米市に拠点をおき設立された団体で、東日本大震災の宮城県の被災地（登米市、南三陸町、気仙沼市、石巻市）を中心に被災女性の支援活動を展開している。

（3）よしかわ女／男たちのあゆみを記録する会編著『埼玉県よしかわ発　男女共同参画物語』生活思想社、二〇〇一年。

第3章

ジェンダー視点から考察する被災自治体職員の疲弊

1　自治体職員は市民のパートナー

震災は、家庭、地域、学校、職場、公共施設、農水産漁業、交通インフラ、自然環境など、生存のハード・ソフトのあらゆる面にくまなく被害をもたらした。

家庭で、家族や家屋、ライフライン、家財道具、思い出の品々などが被害にあったように、職場でも働く仲間、職場空間、機材、多様なデータ・帳簿などの被害があった。自治体行政も例外ではない。あまり注目されることがないが、庁舎が全壊した女川町や南三陸町だけでなく、津波被害のあった自治体は多かれ少なかれ、庁舎の損壊、自治体職員の犠牲や被災に伴う過酷な労働による心身の健康侵害、資料やデータ、帳簿・文書類の喪失などの深刻な被害を受けた。生活と仕事が根こそぎ破壊されたように、自治体もまた、自治体としての営みそのものが壊されたのだ。

＊　＊　＊

震災発生からまもなく二年半になるという二〇一三年八月三〇日、気仙沼市男女共同参画審議会が再開された。

被災後初の審議会は、当日の新聞で審議会開催を知って急きょ傍聴を申し込んだ市民もいて、関心の高さがうかがえた。

気仙沼市は、二〇〇一年に男女共同参画都市を宣言、二〇〇三年に仙台市と同時に男女共同参画推進条例を制定するなど、宮城県内では男女共同参画に先進的に取り組んできた自治体である。「富も文化も海から入ってくる」という伝統的な文化とともに、「男は海、女は浜」という独特の性別役割分業のあるこの地域で、女性の地位向上と権利獲得に粘り強く取り組んでいた市民たちの拠点となっていた男女共生推進室は一部が津波で浸水し、これまでの記録や所蔵していた文書・資料、啓発図書類の大部分を喪失した。これは、ある程度復旧が進み、通常の業務が再開された段階になってようやく明らかにされた被害だった。

男女共生推進室では、自らも被災した市民や被災者支援でつながった県内外の支援団体や他自治体などの協力を得て、啓発図書や喪失した記録文書類のコピーの提供を受けるなどして機能の回復がはかられた。同様の被害は津波に襲われた自治体にどの程度あったのだろうか。

筆者が県内自治体の被害状況について県の担当部署に問い合わせたところ、担当職員から、「県内自治体の男女共同参画担当部署の被害状況は把握していないし、今後も調査の予定はない。被災後、県内自治体の男女共同参画部署を対象とした研修会等が行なわれたが、その際、被害状況や要望等の意見は特に出されなかった」との回答を受けた。

気仙沼市に限らず、震災で甚大な被害を受けた多くの自治体では、男女共同参画関連の施策は一時ストップした。その最大の原因は、「震災被害に男も女もない、今は男女共同参画どころではない、復旧が一段落したら施策を進める」という姿勢が行政内外に少なからず見られたことにある。国から宮城県に送られた四万枚の間仕切りが、避難所からの要望がないという理由で一カ月たっても県の倉庫に眠っていたことに見られるように、県内市町村の男女共同参画の取り組みを統括・指導する立場にある県にも同様の姿勢があったと言わざるをえない(1)。このような状況下で、それまで男女共同参画を推進してきた先進地域の担当部署では、忸怩たる思いを抱きつつ、本来の持ち場を離れ、被災直後の救援・復旧に奔走せざるをえなかった職員も少なくなかったのではないか。

しかし、地方自治体の男女共同参画の施策が中断されたのはもう一つの要因があった。震災被害は諸々の施策の推進休止をも及ぼした。それは行政が施策を推進しえないほど深刻な被害を受けたことである。震災被害は諸々の施策の推進休止をも及ぼした。自治体のこれだけすさまじい被害状況を把握しようとする必要性を感じていなかった、県や国の態度には疑問を感じざるをえない。

そのような状況下にあっても、男女共同参画推進センター（女性センター）が整備された自治体や、震災以前に取り組みが進んでいた地域では、市民と担当職員の協働の力で、男女共同参画の視点での被災者支援や復旧・復興が懸命に進められた。

被災地で被災女性とともに被災者支援活動に取り組んできた筆者が確信をもって言えることは、ジェンダーの視点（女性の視点・男女共同参画の視点を含む）は災害の復旧・復興に不可欠であるということ、被災当事者や女性の参画、市民と行政の協働なしに地域の復興はありえないということである。

第2章の登米市のケースをみてもわかるように、復旧・復興の担い手はなによりもまずは被災地の市民であり、そのパートナーとしての自治体職員である。

この章では、震災後、復旧・復興に重要な役割を果たしてきたにもかかわらず、これまで十分注目されてこなかった被災自治体の職員の、震災後の労働の実情と心身の健康の実情を考察する。

2　震災直後の自治体職員の労働実態

のしかかる過重労働

震災は、被災地の自治体に対して、震災発生直後の安否確認・救助・救援活動に始まり、避難所の設置とその管理運営、被災者の生活支援、がれきの撤去やボランティアの受け入れ態勢の整備、ライフラインや交通網・道路橋梁・港湾・公共施設などのインフラの復旧、雇用の確保、仮設住宅の整備、情報の収集と提供、さらには、死亡届け、住民の転入・転出、各種証明書の発行、復興に向けての産業と地域再生、都市計画、災害公営住宅の建設、コミュニティの再建など、膨大な災害対策業務を発生させる。

東日本大震災でも、岩手、宮城、福島の被災三県を中心に、地震・津波・原発事故の複合災害となって甚大な被害への対応業務が発生した。津波の被災地域を抱えた自治体は、多数の職員が犠牲になり、庁舎も破壊され、自治体としての機能を果たしえないほどの壊滅的な打撃を受けたなかで、膨大に膨れ上がった業務に対応せざるをえない局面に立たされた。巨大地震が発生したのは金曜日の一四時四六分、多くの職員は勤務中であった。「生き残った」自治体職員は、みずからが被災者でありながら、犠牲になった職員の分もカバーして、日常業務にあわせてこれらの業務にあたった。

被災二カ月後に、自治労宮城県本部は顧問医師に依頼して「東日本大震災に伴う自治体職員緊急調査」を実施した(2)。同調査によると、被災後一カ月の災害対策業務に従事した労働量は、部署により差があったが、回答者の四〇%が全労働量の五割だったと回答し、被災対策業務に従事した職員の四五%が一〇日間、一三%が一〇〇時間以上を災害業務に費やし、二六％が過労死の危険があるとされる六〇時間を超える超過勤務だった。他方休日取得日数は一三％が〇日、二二％が二日未満、夜勤勤務は二二％が七日以上と回答しており、多くの職員が過重労働状態にあったことがわかる。

被災対応に追われる職場環境は劣悪で、「一週間職場の床の上に段ボールを敷いて寝た」「夜間勤務でも休憩施設がなく、自分の机で仮眠を取らざるを得ず休めない」「仕事が不規則で昼食をとるひまもない」というなかでの過重労働だった。このような状況は必然的に、職員の心身に深刻な影響をもたらした。同調査では、持病の悪化、肺炎、咽頭炎、ぜんそくといった身体上の問題のほか、夜中に目が覚める、口の中が渇き、息苦しくなる、顔面けいれん、激しい体重の増減、食欲不振／異常食欲、娯楽に興味がなくなったといったメンタルな問題に関する訴えが数多く見られた。

また自由記述欄には、「疲れた、休みたい」「人と接したくない、一人になりたい」「避難している人と接したくない」「眠れない、何もしたくない」「今頃になって震災の夢をよく見る」「震災の映像を見ると涙が出てくる、気分が悪くなる、動悸がする」「こころが折れそう。もういやだ」という叫びにも似た記載も見られた。

さまざまな苦情の矢面に立たされて

とりわけ、甚大な被害を受け、すべてを失った市民との対応に直接あたった職員の精神的ストレスは深刻だった。そのような職員からの声として、前述の調査の自由記述欄には、「避難所では被災者に怒鳴られ、避難所に行きたくなくなった。被災者への思いも複雑になり、苦しい」「自衛隊やボランティア団体への苦情もすべて市への苦情となり、職員が市民の矢面に立たされている」などの声も多数寄せられていた。

被災の大きな市町村に業務支援に派遣された県職員からは、「明確な判断基準も示されず、また指示が二転三転することもあって、市民から直接苦情がくることもあり、うそつき呼ばわりされた職員もいる。説明する側も納得できないままに市民と対応するのは精神的にかなりきつい」「怒った市民に土下座させられ、涙が出てきた」などの声が寄せられていた。

こうした状況は二年以上が経過しても見られ、カウンターを飛び越えて詰め寄られたり、罵声を浴びせられるなど、進まない復興に不信感を募らせ、怒った市民の矢面に現場の職員が立たされている状況がある。

災害直後の被災地では、平常時にはめったに見られない帰属意識や一体感が生まれ、「災害ユートピア」といわれる相互扶助のコミュニティが一時的に形成されることがしばしばある。(3) しかし同じ被災地・被災者間であっても、仕事として被災対応のなかで市民に接する職員と市民の間には「災害ユートピア」といわれる関係は生まれにくい。

前述とは別の資料には「私が食べ物を口にしたのは（震災から…筆者）三日後のことで、配給後の残り物をみんなで分け、引き出しに入っていたチョコレートやお菓子を食べた。庁舎内には、避難してきた住民も大勢いたので、その方たちの前で食べることは控え、しばらくは夜一食のみで過ごした」「職員も被災者なのに、救援物資を堂々と受け取れない」「ここは水産業の町なので、今回の震災で職を失った人たちが多くいる。『あなたたちは仕事があるからいいよね』と怒りをぶつけられても、何も言えず申し訳ない気持ちになった」などの自治体職員からの声も見られた。(4)

家庭のことより公務優先で

被災者支援の中核になったのは言うまでもなく自治体職員である。そしてその自治体職員も被災者である。自治体職員であっても、被災の程度は一般市民となんら変わらない。津波被災地のある自治体職員は、三月議会の対応の合間に大地震・津波に襲われ、正確な情報もないまま救援活動に追われ、二カ月後に帰宅したときには家の中にキノコが生えていて茫然としたと語っていた。

宮城県の調査によると、自宅が被災した職員は半数近くの四六・〇％で、被災職員の五・三％の二三五人が仮設住宅で暮らしていた。[5]自治体職員は、家を失い、家族を失い、避難所暮らしをしていても、職免扱い（公務員が合理的な理由がある場合に、任命権者などの承認を得て勤務しないことを認められること）にならない限り、職務として被災対応業務にあたらなければならない。石巻市職員労働組合女性部が実施した部員への震災関連アンケートによると、八六％が住居被害、一五％が家族への被害を受けていたにもかかわらず、八七％が通常業務以外の災害対応業務（避難所運営、仮設住宅巡回、支援物資の受け入れ、遺体安置所での遺体の受け入れ等）に携わったと回答し、六四％が体調不良を訴えていた。[6]

被災直後、自治体職員は、自身の生活や家庭よりも災害対策という業務を優先せざるをえず、家族関係にも深刻な影響を与えていた。「三人の息子がいるが、公務中も家族の安否が頭から離れず、毎日涙をこらえることで精いっぱいだった。五日後に夫と息子が職場に会いにきてくれたときは、うれしさのあまり周りの目も気にせず泣き崩れてしまった」「震災後配偶者と子どもが精神的に不安定で、余震があると泣き抱きついてくる。そばにいてあげたいができないのが苦痛だ」「家は流失、三人の子どもの学校の転校、夫の転職、各種手続き、それに仕事で一日二、三時間しか眠れない状況が二カ月以上続いている」「複数の親戚が家を失い、我が家で同居している。心身ともに落ち着かず、いつもイライラしている。子どもにもあたってしまう」「入院中だった娘が震災後に精神的に不安定になり、心療内科にも通院している。ヘルパーを利用して出勤しているが、年休も使い果たし、不安だ」「仕事の忙しさも加わって、ちょっとしたことでイライラして止まらなくなり、どうしようもなく不安になる」「震災で家も車も失い、今は幼い三人の子どもと、義理の親、夫の祖父、夫の姉を夫と二人で養っている状態。1LDKのアパートに九人暮らし」などの自由記述欄の記載をみると、過重労働に加え、家庭責任を果たすことのできない苦痛は職員の心身に深刻な問題をもたらしていたことがうかがえる。

またある男性職員は、「震災で自宅が大きな被害を受けたが職務で自分の家の対応がまったくできない。妻からは『なぜ家族よりも公務なのか』と言われトラブルとなり、いまは口をきいてもらえない」という悩みを寄せていた。

シングルの自治体職員からは、「自宅が被災し、避難所生活をしている。しかし仕事は被災対応で忙しく、自分のことは何もできない」「アパートが流され、現在親戚の家にいる。がまんの生活でストレスがたまる」「被災したため、アパートを出なければならないが、新しいアパートを探す時間もない」「震災直後からそのまま勤務が続き、一人暮らしなので、買い物したくても並ぶこともできず、食糧が底をつき、何日も空腹で過ごした。給水も支援物資も並ばなければ入手できないが、働いていると並べず、大変困った」といった状況が報告されている。

家族のケアは妻の仕事か？——垣間見える日本社会のジェンダー問題

筆者自身、発災直後には大学で避難生活を送っている学生のケアで大学に泊り込んだり、買い物の列に並ぶ時間がとれず、食材や生活用品の購入に苦労した。家庭責任の有無に関わりなく、自身の生活を後回しにせざるをえなかった状況は、自治体職員のみならず多くの勤労者に共通するものである。

また、先に紹介した声の多くは女性職員からのものである。男性職員から同様の声があまり聞かれないのは、家族のケアや買い物などは共働きか専業主婦であるかにかかわらず、妻が担っていたからではないかと考えられる。一人親の男性職員や一人暮らしの男性職員は女性職員と同様の悩みを持っていたのではないか。ここにも日本社会のジェンダー問題が垣間見える。

戦後わが国は、利潤と効率追求のために、「男は仕事、女は家庭」という性別役割分業で仕事と生活を分断し、生きることとの豊かさを切り崩して経済発展を遂げてきた。しかし、生きるということは生活と仕事を切り離しては成り立たない。戦後と震災後を生きる女性たちの強さと豊かな力の原動力は、仕事と生活を一体のものとして求めてきたところにある。ワーク・ライフ・バランスという言葉で言われていることの根底にも、仕事と生活をまるごと取り戻すための視点がある。震災後、被災地ではどこでも、ワーク・ライフ・バランスなどといってはいられない状況が見られたが、ワーク・ライフ・バランスは震災後だからこそ強調されなければならない。

3　「惨事ストレス」と多発する自治体職員の休職、退職、自殺

女性に多い中等度以上の抑うつ傾向

劣悪な労働環境のなかでの過重労働、慣れない災害対応と市民との関係の困難さは、必然的に職員の心身に深刻なダメージをもたらした。

前述の調査結果に対して医療の専門家は、一六％がメンタルストレス判定で中等度以上の抑うつ傾向、三〇％

が軽度な抑うつ傾向にあり、中等度以上の抑うつ傾向は男性より女性が多く、震災業務、超過勤務、夜間勤務の多い職員ほど疲労蓄積度が高かったというコメントを寄せている。中等度以上の抑うつ傾向には、産業医、医師、保健師、カウンセラー受診が必要であるというから、六人に一人の自治体職員は治療が必要な状況にあったということになる。

こうした状況は震災から時間がたっても続いた。震災七カ月後の二〇一一年一一月、宮城県が実施した自治体職員に対する健康調査では「何らかのストレスを感じている」職員は六七・二%、とくに津波被害のあった石巻市では八〇・一%、気仙沼市では七三・八%だった。[7] 岩手自治労連とNPO法人岩手地域総合研究所が、二〇一一年一一〜一二月に岩手県の被災地で働く自治体・団体職員（農協、病院、生協）を対象に実施したアンケート調査でも、半数以上が「精神的ストレスが増えた」と回答している。[8]

災害発生直後の不眠、興奮状態、自責の念や抑うつなどの感情の変化、数カ月以上続くフラッシュバックを伴うPTSD（心的外傷後ストレス障害）や燃え尽き症候群、うつ病など、震災を体験することによる心のダメージは「惨事ストレス」と言われる。「惨事ストレス」は被災者に共通に見られるものであるが、[9] 救援・支援や報道などに携わる人々にも発生する。

香山リカ氏は、支援者に「惨事ストレス」が発生する条件として、「①社会的責任の大きさ　②混乱した状況の中で迅速な対応が求められる　③過重労働　④二次被害の危険性　⑤みずからも被災者　⑥遺体、遺族との関わり　⑦心の準備がないまま、支援業務にあたる　⑧指揮系統の混乱　⑨社会的注目度の高さ、時に非難」をあげている。災害対応にあたった自治体職員の心身の状況は、まさに「惨事ストレス」の典型と言えよう。[10]「惨事ストレス」は、災害発生時よりも一〜三年経過してからが発症のピークとなると言われているところから見ると、今後も深刻な状況が続くと思われる。

膨れ上がる労働量、拍車がかかる人材不足

被災直後、膨大な労働量に対して職員が圧倒的に不足していることから、自治労では「人的支援」として、一人八泊九日のボランティア派遣活動に取り組み、四月一一日からの三カ月間で延べ二万人の組合員が現地支援活動に入り、避難所運営補助、救援物資の仕分け・配送、清掃・片づけ、行政の受付や事務補助にあたった[11]。

また、震災から九カ月後の一二月、宮城県知事は、県内被災一五市町で一二六二人の自治体職員が不足していると訴え、国の支援を要望し[12]、宮城県内の市町村自治体に対して、県や他県からの職員の派遣、退職した元職員の一時雇用などの対応がとられた。全国の他自治体からは、総務省、国土交通省を通じた派遣や、姉妹都市や災害協定などによる自治体間の直接派遣で、二〇一五年八月現在、被災三県（四九市町村）への応援派遣職員は二四一九人にのぼる。うち半数以上が勤務期間一年を超え、二年を超える職員も四分の一いる。長期にわたる派遣で家族と離れた生活が長引き、慣れない土地で深刻なストレスに悩む職員も少なくない[13]。

膨れ上がった労働量はこのような対応をはるかに上回っていた。しかも、復興事業が本格化するなかで仕事量は被災前の何倍にも膨れ上がり、土木などの技術職のみならず、用地交渉や事務職の大幅な不足は依然として続いている。これは「生き残った」職員および派遣職員に深刻な「惨事ストレス」をもたらし、その結果、職員の休職、定年を待たずの退職、さらには自殺が急増した。

『朝日新聞』（二〇一三年三月八日）は、「東日本大震災で被災した岩手、宮城、福島三県の四二市町村で、心理的な理由による職員の休職が四〇〇人を超えている。震災ストレスや復興事業の増加による激務のためという。

復興事業の本格化に伴い、さらに負担が大きくなることが懸念され、心のケアに力を入れる市町村が増えている。新年度に不足すると見込む職員は計六〇〇人近くにのぼった。」「被災自治体四二市町村の休職者の全職員に占める割合は平均一・六％（宮城県石巻市は二％、岩手県宮古市は三・二％）で、財団法人「地方公務員安全衛生推進協議会」（東京）が全国の主な自治体を調査した休職者の比率一・二％を上回った」と報道した。

職員の自殺も相次いだ。二〇一二年七月、岩手県陸前高田市に盛岡市から派遣されていた男性職員が三カ月前に志願して赴任したが、専門外の漁港設計などが担当だった仕事がうまくいかなかったことを悩む遺書を残して自殺した。二〇一三年一月三日、四カ月前から半年の予定で兵庫県宝塚市から大槌町に派遣されていた職員が、仮設住宅で「自分は役に立っているのか」という主旨の話をして自殺した。

定年を待たず退職する職員も急増した。自治労福島県本部の調べでは、南相馬市で二〇一一年度、前年度の七倍近い一二三人が定年前に退職、福島県全体では前年度より一六一人多い四五七人が早期退職した。職員不足は職員の心身を蝕み、その結果さらなる職員不足を引き起こしている。

4　なぜ自治体職員の被害は見えにくいのか

自治体職員も人権を保障された生活者・勤労者

自治体職員が被った震災による被害は市民のそれとまったく変わらない。にもかかわらず、自治体職員の被害は見えにくく、表面に出にくい。その要因として二つのことが考えられる。

一つは、自治体職員は「公僕」であり、プライベートな生活よりも公的な任務、災害対策を優先させて当然だという「滅私奉公」の風潮があることである。

「公僕」・「滅私奉公」の考え方は、職員は自身の生命や生活を犠牲にしても市民の生命、生活を守るべきだという考え方につながる。災害発生時に自身の生命を犠牲にして市民の生命を守ったことが公務員の「美談」、公務員の理想像として語られることがしばしばある。

東日本大震災でも、若い女性職員遠藤未希さんが宮城県南三陸町の防災庁舎から、防災無線で町民に避難を呼びかけ続けて津波の犠牲になったことが「美談」としてメディアで大きく取り上げられ、埼玉県の公立学校で二〇一二年度から使われている道徳の教材に「天使の声」と題して掲載された(14)。

被災当日、この「美談」の舞台となった防災庁舎では避難してきた市民を含め四三名が犠牲となり、防災庁舎で最後までマイクを握り、津波で犠牲になったのは、メディアでしばしば取り上げられていた女性職員の上司の男性であった。地元紙の二〇一一年四月一二日『河北新報』では、女性職員は殉職した一人として正確に報道されていたが、テレビなどで繰り返し取り上げられるうちに、結婚式を半年後に控えた若い女性職員の犠牲が強調されていった。ここには、男性より若い女性の「殉死」のほうがドラマ性があるというジェンダー意識が見えかくれする(15)。

被災地の自治体職員からは、この話を聞くたびに、「自分が生き延びてしまって申し訳ない」「自分が責められているような気がする」「殉職した職員を美談として取りあげて宣伝しているが、おかしいのではないかと思う。公務員はいざとなったら死ななければならないのかと不安になる」という声が聞かれる。

この自治体職員の話は、生命をかけて任務をまっとうした「美談」には違いない。しかし、家族や隣人を助けようとして生命を落とした多数の職員がいたこと、また行政としてはいかに犠牲者を出さずにすむかを考えることが本来の任務であることを考えるならば、災害対応の最前線で働いていた職員が犠牲になったことはむしろ行政の失策であり、どうすれば犠牲者を出さずにすんだのかを検討し、より万全な危機管理策を構築することこそが重要であろう。

自治体職員も基本的人権を憲法で保障された生活者であり、勤労者である。しかし世間には、公務員は自身の家庭よりも災害対策を優先させて当然だという「滅私奉公」の風潮、これが高じて、公務員は税金で生活をしている「公僕」であり、いざというときには生命を捨てても市民のために働くものだという風潮がある。また、公務員には何を言ってもよいという雰囲気も一部に見られる。

こうして自治体職員は、一人の生活者であり、労働者であることが忘れられ、被災時には、生活者や労働者としての権利と尊厳が公然と否定される状況におかれ、過重労働を余儀なくされたのだと考えられる。

日常化している働く場の人権破壊

職員の被害が見えにくいことの二つ目の要因は、今日、働く者の生活や権利保障そのものが軽視され、日常化していることである。そのような状況下で、非常時にはさらなる権利軽視・権利侵害が頻発する。

ある宮城県議会議員が、被災自治体の職員の超過勤務手当の要求について発言したことが新聞に報道されると、市民から「こんな時に超過勤務手当を要求するのはおかしい」という批判の投書があったそうだ。このような投書の背景には、超過勤務手当どころか、仕事さえ失い、仕事があったとしてもサービス残業が日常化し、労働者の権利が根底から崩壊しているという民間労働者の状況がある。[16]

しかし、自治体職員の超過勤務手当をなくせば民間の労働者の状況が改善されるわけではない。逆にすべての超過勤務手当が失われる危険性が大きくなるだけであろう。自治体職員のなかにも非正規職員が増大しており、権利破壊が見られる。劣悪な状態に引きずり落とすことによる「格差是正」ではなく、より高いレベルへの「格差是正」がめざされなければならない。

被災後、ある被災地の市長が「職員の震災対応はボランティアだ」と公言するなど、非常時の超過勤務手当を否定する発言は被災地の首長からもあった。非常時には働く者の権利を要求することはおかしいという考えの先に見えるのは、非常時には生活や人権、個人としての尊厳は否定されても仕方がない、要求するものではないという考えである。

しかし言うまでもなく、自治体職員にかぎらずすべての被災者にとって、非常時だからといって、生活保障や権利が否定されることがあってはならない。逆に、非常時だからこそ、生活保障や権利が尊重されなければならない。

もとより、非常時には手当を支払えばいくらでも超過勤務が認められるというものではない。非常時であっても過重労働を根絶することこそが重要なのであって、そのためには、正規の職員の雇用を増やし、膨大な労働をシェアすることが大原則である。

震災発生以前からわが国では、「地方構造改革」が進められ、地方自治体の職員数は削減され続けてきた。その結果、わが国の労働人口に占める公務員数（一般政府雇用者数）の比率は、六・七％と極めて低い水準で、ＯＥＣＤ諸国でも下から二番目の三三位である。[17] 過重労働を根絶するには、まずは適正な職員数が確保されることが大前提である。そのうえで、短期的な方策として、国や他自治体からの職員の派遣、臨時職員や定年退職した職員の活用など、さまざまな形の仕事のシェアが求められなければならない。

自治体の業務に限らず、被災地では建築・土木分野を中心に復旧・復興の仕事が増えているが、非常事のなかの臨時雇用、劣悪な労働条件による雇用が増大し、これが震災による貧困の固定化・拡大の要因になっている。震災による新たな貧困と格差をこれ以上うまない雇用の創出が何よりも重要である。

また、被災対応業務のなかには市民協働で進めることが適切であることも少なくない。市民にその力があることは、この間の被災地での取り組みから実証済みである。今回の災害で被災女性は被災直後から被災者の目線できめ細やかな支援を行ない、大きな力を発揮した。問題だったのは、この力が正当に評価されなかったこと、意思決定の場への女性の参画が不十分だったことである。

市民と行政が対等の立場に立った市民協働には、意思決定段階からの市民参画、とりわけ当事者と女性の参画が不可欠だということを忘れてはならない。また、阪神・淡路大震災時に災害休暇制度の導入が指摘されたが、この制度は災害時の市民協働を本格的に推進するためのマンパワーの確保にとっても重要である。

注

(1) 辻元清美「官邸と被災地をつなぐ—災害ボランティア担当内閣首相補佐官としてみた3・11」『世界　東日本大震災・現場災害—破局の後を生きる』別冊、八二六号、二〇一二年一月所収。なお、『平成二四年度　男女共同参画白書』によれば、プライバシーを守るための間仕切りに対するニーズは女性だけでなく男性からも多かった。また、間仕切りよりプライバシー確保が確実なテントが提供された避難所もあった。

(2) 二〇一一年五月実施。大震災後約一カ月の労働実態、回答一一単組、三六五二名回答。伊藤利花「被災自治体職員の声なき声」みやぎの女性支援を記録する会編『女たちが動く——東日本大震災と男女共同参画視点の支援』生活思想社、二〇一二年。

(3) レベッカ・ソルニット『災害ユートピア』高月園子訳、亜紀書房、二〇一〇年。
(4) 特定非営利活動法人イコールネット仙台『聞き取り集 40人の女性たちが語る東日本大震災』二〇一三年二月。
(5)『河北新報』二〇一二年一月五日。
(6) 石巻市職員労働組合女性部機関紙『あした』一三四号、二〇一二年三月二八日。
(7)『河北新報』二〇一二年一月一五日。
(8)『河北新報』二〇一二年三月一〇日。
(9) 宮城県の調査ではみなし仮設住民の一六％に精神障害が見られ（『朝日新聞』二〇一二年五月四日）、厚労省の調査では岩手・宮城の被災者の四割が睡眠障害（『河北新報』二〇一二年三月七日）という結果が報道されている。東北大グループ調査では、宮城県岩沼市仮設住宅住民の四〇代男性の六割にうつ傾向が見られる（『河北新報』二〇一二年六月二日）。
(10) 香山リカ「不眠不休で職務をこなし、心身を蝕まれる被災地の公務員——自治労「こころの相談室」「ほっとダイヤル」の活動からみえてきたもの」『女も男も 自立・平等 特集／被災地教職員・自治体職員の震災後のストレスとこころのケア』一二一号、二〇一三年春・夏号、二〇一三年五月所収。
(11)『自治労』二〇一一年七月一一・二一日号、鎌田慧「生ぎろ東北—地域再建の先頭を走る自治体職員」『自治労通信』二〇一一年七月八日。
(12)『河北新報』二〇一一年一二月八日。
(13)『河北新報』二〇一五年九月八日。
(14) 埼玉県教育局県立学校部生徒指導課『彩の国の道徳「心の絆」』埼玉県教育委員会編、二〇一二年三月所収。なお、職員の殉職を「天使の声」として道徳で取り上げることに対しては、教育現場からは批判が出されている。加藤やよひ「「天使の声」から何が見えるか」、さいたま教育文化研究所『さいたまの教育と文化』七〇号、二〇一四年一月。
(15) 花田達朗他編著『新聞は大震災を正しく伝えたか』早稲田大学出版部、二〇一二年。なお、この話を美談として取り上げることに疑問を投げかける人も少なくない。吉田典史『もの言わぬ二万人の叫び 封印された震災死 その

「真相」』世界文化社、二〇一三年。

『河北新報』四月一二日付けでは「上司の指示で遠藤さんたちは一斉に席を離れた」とあり、同紙六月一二日付けには、「同僚の遠藤さんと交代して、最後にマイクを握っていた」人として三浦毅さんの記事が掲載されている。犠牲になった職員のなかで、前年に結婚届を出したばかりで九月には挙式の予定だった若い女性職員にメディアがフォーカスしていったのは、台湾の会社経営者らが気仙沼、石巻など被災地の消防本部に消防車や救急車を贈ったとき、寄贈者の意向で車両の一つに遠藤さんの名前が付けられたことや、ある女性歌手が遠藤さんを追悼する曲を作ったこと、野田佳彦首相（当時）が所信表明演説で遠藤さんのエピソードに言及したことなどがあったからかもしれない。

(16) 総務省の二〇一二年の就業構造に関する基本調査結果によると、東日本大震災による離職者は全国で二一万人、うち、被災三県が八万六〇〇〇人で四割以上を占めた。離職者のなかで再就職できたのは六九・七%にとどまり、そのうちの六割は非正規社員だった。また、二〇一二年一〇月一日時点で実施された調査によると、働きながら介護をしている人は二九一万人で、女性が五五%を占めた。さらに、二〇一一年一〇月からの一年間に介護・看護を理由に退職した人は一〇万一〇〇〇人、八割が女性だった（『読売新聞』二〇一三年七月一三日）。

(17) 細田晴子／坂井一成「日本の公務員は国際スタンダードなのか」http://www.nippon.com/ja/currents/d10008/

第2部

地域女性リーダーの原動力はどのようにつくられたか

――ライフヒストリーとエンパワメントの場から説きおこす――

東日本大震災で、自分たち自身も被災者でありながら、女性たちは被災女性支援に大きな力を発揮した。女性たちの被災女性支援の経過については『女たちが動く』（みやぎの女性支援を記録する会編、生活思想社、2012年）で詳細に語られている。

彼女たちの女性支援は、被災するずっと前から取り組まれていた。離婚やDV、性被害、セクハラに苦しむ女性たちを支援してきたハーティ仙台は1999年、女性センターの設立を求め、女性グループの活動を支援してきたイコールネット仙台は2003年に設立されたが、それらの母体となる団体はそれよりさらに10年以上も前に誕生していた。20年以上の彼女たちの活動の蓄積のもとに、東日本大震災の女性視点による女性支援は実現したのである。

彼女たちの力の源は何か。原動力の源を求めて、2014年の夏、筆者は何人かの女性リーダーに話をうかがった。彼女たちの話からは、女性たちのエンパワメントの経過はそれぞれ異なるが、戦後日本のなかで自らが体験した生活・生育歴から出発し、自らの問題解決に向けて仲間とともに取り組むなかで、着実に力をつけていったことがわかる。

第1章

戦後宮城の地域婦人会から

語り手……鎌田三千子さん

一九三九年（昭和一四年）生まれ。宮城県地域婦人団体連絡協議会副会長

宮城県地域婦人団体連絡協議会（略称・宮婦連）は、二〇一五年現在会員八一四〇名の宮城県下で最大の女性団体である。東日本大震災では、会員も甚大な被害を受けつつも、全国から二八一九万円以上の義捐金や膨大な支援物資を集め、被災女性の支援を行なったほか、震災直後の救援活動、避難所や仮設住宅で避難生活をする会員への見舞い訪問など物心両面にわたる被災者支援に奔走した。

この力の源を求めて、長年、宮城県角田（かくだ）市の地域婦人会の会長として地域活動に取り組んでいる鎌田三千子さんに話をうかがった。

1　原点は戦争体験

鎌田三千子さんは、七五歳になる現在も、角田市の地域婦人会を中心に、環境問題や自らの戦争体験を地域の子どもたちに語る活動などを中心に、地域のリーダーとして活動している。彼女の力の源泉は、子ども時代の戦争体験と地域への思いだった。

鎌田さんは、一九三九年（昭和一四年）、満州国三江省千振村に七人きょうだいの三女として生まれた。彼女が七歳のときに戦争が終わり、翌年、家族そろって帰国した。満州国で三江省の農業試験場の職員だった父親は、帰国後、仙台の五橋（いつつばし）にあった専売局で、満州でタバコ栽培を学んだことを生かして、タバコを作る耕作者の指導者として働いた。満州での公務員としてのキャリアは帰国後カウントされなかったので、恩給、年金の受給資格を得るまで働いたそうである。満州での生活と引き上げの体験、そして帰国後の厳しい生活は、子どもだった鎌田さんには一生忘れられない体験となった。

帰国後は角田（宮城県角田市）で暮らし、尚絅（しょうけい）学院短大の保育科を卒業し、一時青森県の幼稚園で働いていたが、すぐに宮城県にもどり、以後二〇年間幼稚園で幼稚園教諭として働きつづけた。子どもの教育に大きな関心がある鎌田さんは、二〇〇九年（平成二一年）から、毎年夏に尚絅学院高等学校の一年生に、戦争と平和というテーマで平和へのメッセージを語っている。仙台空襲の七月一〇日の体験者はいても満州からの引き揚げ体験者はいないということで、戦争体験のない高校生にもわかるように、小学校一、二年のときの体験や、帰国後の体験を語っているそうだ。いわば戦争の語り部である。

戦後の活動の力の源泉は、まずはこの戦争体験だと鎌田さんは言う。その彼女が地域の問題に関わるようになった経過を彼女は次のように語ってくれた。

四〇代のときに、たまたま交通安全母の会*の役がわが家に回ってきました。当時は、防火クラブ**と交通安全母の会の役が自動的に一年任期で各戸に回ってきたのです。その役がわが家に回ってきたときに、そういう人たちが地域を守っているということを初めて知りました。私は仕事をしていたので、地域にそういう活動があって、どういう状況で地域が営まれているかということを何も知りませんでした。穴があったら入りたい気持ちになり、それで地域に還元する気持ちが芽生えてきたわけです。

交通安全母の会の役員は、本来は一年限りで、次の年は輪番制で隣に回っていくのですが、続けてほしいと言われ、一〇年やりました。その役員をやっているときにたまたま婦人会に誘われました。婦人会は任意団体で、地域の女性のなかには入っている人もいない人もいて、私は入っていませんでした。婦人会の人からお誘いがあったとき、私は断る理由をいろいろ考えまして、「仕事があるからみんなと同じようには行動できない」と言って断りました。

ところが次の年にまたお誘いがありました。夫に相談したら、「自分から入るのはなかなか難しい。友だちから誘われたなら入りな」と言われ、一九八八年（昭和六三年）四九歳のときに入りました。しかし、一年に一回総会に出て会費を納めるだけの、名前だけの会員でした。

あるとき、教育委員会の生涯学習課の男性職員から電話が入り、「地元の婦人会が明日の総会でなくなる、どう思うか」と言われました。どう思うかと言われても、一年に一回総会に出るだけの会員ですから何も言えませんでした。会員はたくさんいたのですが、上に立つ人がいなかったのです。そこで、「役員のなり手がいないというだけの理由でなくなるのは、婦人会を支えてきた先輩の人に申し訳ない」、「先輩のことを考えたら、一人で頑張るのではなくて、みんなで力を出しあったらいいのではないか、地域に必要とされて誕生した婦人会なのだから、細々とでもやり続けていくのが私たちの務めではないか」と話しました。するとその職員から「鎌田さん、明日の総会でそう話してほしい」と言われました。当時私は交通安全母の会の会

＊交通安全母の会……一九六五年頃の「交通戦争」と言われた時代に全国の市町村につくられた交通安全の啓発活動などを行なうボランティア団体のことである。その多くは町内会の下部組織としてつくられたが、警察と密接な関係の下につくられたケースもある。交通安全母の会の構成メンバーは小学校や中学校に通う児童生徒の母親である。

＊＊防火クラブ……家庭での火災予防の知識の習得、地域全体の防火意識の高揚等を図るとともに、万一の場合には、お互いに協力して活動できる体制を整え、安心安全な地域社会をつくるため、各家庭の防火診断、初期消火訓練、住宅用火災警報器の普及促進、防火防災意識の啓発等、地域の実情や特性に応じた防火活動を行なっている団体である。婦人（女性）防火クラブは主婦等を中心に組織されており、一九六四年（昭和三九年）には、全国の都道府県で婦人防火クラブがつくられ、二〇一四年現在約二三三万人のクラブ員を有するまでになった。宮城県では、一九七八年の宮城県沖地震などの災害をきっかけに防災意識が高まり、二〇一〇年には一九六七の婦人防火クラブが組織され、クラブ数およびクラブ員数（三二万二一一三人）ともに全国一であった。

婦人防火クラブの活動は、現在では、必ずしも「家庭防火」だけにとどまらず、地域の防火・防災活動を展開したり、高齢化社会の到来に伴う福祉活動を展開するなど、活動内容は地域によってさまざまである。しかし、東日本大震災後は津波被災地域を中心に地域社会の衰退と担い手の高齢化と減少により、解散や休止をする団体が増え、二〇一四年度には一六八五団体となり、約一四％減少した。（『河北新報』二〇一五年四月二一日）

長をやっていたので、目をつけられていたのかもしれません。

総会の日、私は黙って隅のほうに座っていたのですが、「こういうわけで、残念ながら会長をやってくれる人がいないので、婦人会はここで終わりにします」と説明を受けたとき、私は思わず「質問があります」と手を挙げて「何もないところから先輩たちがつくり上げてくれたのだから、それをみんなで力をあわせて、細々とでいいから続けていきませんか」と発言してしまったんです。そうしたらみんな涙を流して賛成してくれました。

そこで、役員選出の段階になったら、みんなから会長になってほしいと言われました。「私はそういう意味で発言したのではありません」、「いやいや引き受けてもらわないと婦人会はなくなってしまう」と押し問答があり、どうしようもなくなって、とうとう「では、何か役を引き受けましょう。しかし、今の会長さんが辞めるのを一年延ばしてください。その間に私は勉強します。ご指導いただきたいのでお願いします。」と言いました。その結果、会長さんが残ってくれて私が副会長になりました。次の年一九九二年（平成四年）、私が会長になりました。それからずっと会長を引き受けて、いまだにやっているわけです。

私が会長になったのは、角田の桜という地域の婦人会でした。当時角田の婦人会はまだ一本化されておらず、連絡協議会という形を取っていました。角田市には市全体の婦人会の会長さんがいたのですが、その人の旦那さんが病気になり、看病のために会長をおりることになりました。そこには立派な副会長さんが二人いましたので、私たちはその人の旦那さんにまで会長を引き受けてくださいとお願いに行ったのですが、誰も引き受けず、やむなく婦人会の中では若い方だった私が会長をすることになりました。それまでは自分の地域だけで活動をしていたものですから、市全体のことは右も左もわかりません。でも、もうやるしかない、そこで、みんなの力を借りてやっていこうということになりました。

2　体験的社会教育の場としての地域婦人会

鎌田さんの主な活動の場であり、学びの場だった戦後の地域婦人会とは、生活扶助と親睦を目的とした日本の伝統的な住民組織で、会員は年齢、職業、趣味、思想・政治信条にかかわらず同一地域で暮らす女性であることを唯一の条件としている。

地域婦人会は多様なボランティア的な地域活動のほか、生活改善や消費者運動、平和運動など社会政治的な運動にも取り組んでいるが、活動を通して実践的に学習する社会教育関連団体と位置づけられ、今日でも地方自治体の教育庁の管轄の下に置かれている。

鎌田さんが地域婦人会のリーダーの力を身につけていく過程はどのようなものだったのか、鎌田さんの話を続ける。

私が角田の婦人会の会長をお引き受けしたとき、宮婦連の会長は阿部恒子さんでした。私は一九九五年（平成七年）に宮婦連に入り、翌年の九六年（平成八年）に教育文化部に所属し、部長になりました。当時、県の生涯学習課では指導者養成講座を開催していて、九六年（平成八年）に勧められてその講座を受講しました。講座の内容は、共生とか共同のまちづくりとかコミュニティとか、新しい言葉がどんどん出てきて、難しくて全然わかりませんでした。それでもわからないながらも大崎市の教育長をされていた矢内諭先生たちの大学の講義のような話を大学生みたいに聞きました。私は聞いてもわからないので、許可を得てテープに録音して、家に帰ってからテープ起こしをして、勉強しました。今でもその資料は残っています。要するに、県の指導者養成講座では地域のリーダーになっていくために必要なことを勉強したわけです。いま私は七五歳ですが、当時はまだ六〇歳になっていませんでした。

二〇〇〇年（平成一二年）、浅野史郎知事の時代に、地域づくりの活動をしている任意団体に補助金として一位に三〇万円、二位以下五団体に各二〇万円を出すというコンペがありました。私たちのグループも「NPO法人エコショップかくだ」として応募し、会場の宮城教育大学に朝六時に行って、環境問題をテーマに三分間のスピーチをしました。スピーチの後、審査の結果が通信簿のように五段階評価で一覧表になって廊下に貼られて公表されました。私たちのグループは落ちてしまいました。その時の審査委員長が矢内先生でした。私は憤慨して、「市民の任意団体が地域をよくしようと思って一生懸命やっているのに、交通費ももらえず通信簿をつけられ落胆しました。このようなことが地域づくりになるのでしょうか、参加した人が評価されるよう、せめて交通費くらい出していただけないものでしょうか」と、反省の用紙に書いて出しました。後で先生はそれを読んで「率直な意見を書いたのは鎌田さん一人だ」と言われました。次の年また同じ企画がありました。悔しさもあったのでまた挑戦しようと考え、今度は五分間だったので二人でプレゼンをし、二〇万円いただきました。

矢内先生との出会いは私に大きな影響を与えました。宮婦連に入ってから先生を地元にもお呼びし、地域づくりの話をしていただきました。先生はイギリスに留学されたことがあり、川で泳いだり、釣りをしたり、アヒルと遊んだり、日本の昔の川のような状況があったそうです。先生は、水環境の大切さをいつも話され、これからの地域づくりは水環境ですよと言われました。それで私も地域の水環境に関心を持つようになり、調べましたら、地域の水環境、川はゴミ捨て場になっていたんです。この状況を変えるには子どもがカギだと思い、今でも子どもをまきこんで、地域で水環境問題に取り組んでいます。

こうして鎌田さんは、地域婦人会活動と自治体の女性リーダー養成講座のなかで、地域のリーダーとしての力をつけていった。後述する宮城県婦人会館では、女性を対象とした多様な学習講座が開設され、そこでも地域のリーダーとしての力を身につける講座が多数開催された。

しかし今日、民間の生涯学習講座が盛んになり、自治体や市民センターなどの講座は、衰退気味である。受講料を払っての講座では、趣味や健康、教養など、個人的に興味が持たれる講座は人気があるが、まちづくりや環境問題などのテーマには受講生が集まらない。ましてや民間の生涯学習講座ではシティズンシップ教育や地域づくりのリーダー養成はむずかしい。自治体のリーダー養成講座やまちづくり講座で成長した鎌田さんは、こうした状況に対して次のように語った。

いま私が神髄としているのは、中身を磨き、自分を高め、隣の人と高めあう、人になにかあってもそれを許すことなんだと思います。婦人会の神髄はそこかなと思います。今の婦人会は昔と比べると規模も年齢層も違ってきました。五〇代、六〇代というのは自分の言っていることがすべてで正しいと思い、それに対して八〇代の先輩のやっていることは人を従わせようとすることが強い。私は七〇代でそのちょうど狭間にいるから、若い人の言うこともわからないではない、だから年齢の上の先輩たちは、さりげなく若い人たちを軌道修正する、それが必要なのかなと思います。

婦人会への希望ということを言えば、今は、地域づくりに対する関心が弱いと思います。今は男性も女性も自分を高めることに心が向いている。生涯学習という言葉が出てきたときに、生涯学習というのは、人の一生の中で人間を高めていくということで、これは間違ってはいないと思いますが、その高め方が問題なのだと思います。己だけを高めるのではなく、隣の人と手を携えながら高めあっていくことが必要なのではないか。オードリー・ヘップバーンが自分の子どもを育てるときに、何のために両手があるかわかるかと聞いて、片方の手は自分のためにあり、もう片方の手は他者のためにある、それで両方の手がついていると教えたと聞いたことがあります。私はこの言葉が好きで、片方は己のため、片方は地域のため、困っている人のため、弱っている人のためにあると思います。今はその地域の手が弱いと感じます。

そうなってしまった要因は行政の生涯学習のあり方にも問題があるのではないかと思います。そこで子どもたちにも、自分を高めつつ、支えあいながら地域を良くする、住みやすい地域を作るための教育が必要なのではないかと話していますが、婦人会にもこのことが課題だと感じています。

地域婦人会の果たした役割
――戦前の各種婦人会・戦後の地域婦人会

戦後の地域婦人会は、戦争直後から全国各地に次々と作られ、一九五二年に全国地域婦人団体連絡協議会が設立される頃には、会員数六四五万人、単位婦人会一万四七五一団体という巨大組織となった。現在、会員数は五〇〇万人（二〇〇六年）と減少してはいるが、それでもわが国最大の女性団体に変わりはない。

戦後の地域婦人会とは何か、その果たした役割は何かは、わが国の戦後生活史、地域史、女性史を語るうえで欠くことのできないテーマであるにもかかわらず、これまで十分な研究がなされてきたとは言い難い。

戦後の地域婦人会と同様の組織は戦前にもあったが、両者は共通点をもちつつも、設立の経過や果たした役割は大きく異なる。

ここでは地域婦人会を含む戦前の各種婦人会について概括したうえで、鎌田さんの活動と学びの場であった戦後の宮城県の地域婦人会について考察する。

1　戦前の婦人会

戦前のわが国では、明治中期以降、廃娼運動を主とした日本基督教婦人矯風会（一八八六年〈明治一九年〉設立）や生活改善運動を主としたキリスト教系婦人会が設立され、その後、赤瀾会（一九二一年〈大正一〇年〉結成）や婦選獲得同盟（婦人参政権獲得期成同盟会〈一九二四年〈大正一三年〉設立〉、後に婦選獲得同盟と改称）などの女性解放や女性参政権獲得を求めた女性団体が次々と結成された。

他方この時期、これらの女性団体の動きを牽制することとあわせ、女性を国策に組織的に動員することを目的として、文部省や内務省の管轄の下に、地域単位の婦人団体や全国的規模の各種婦人会が次々と結成された。地域婦人会に関する資料にある「明治三〇年代すでに男子の戸主会と並んで、主婦会などの存在がみられ、日露戦争当時、これらの地域婦人会活動が存在していた[1]」という記述を見ると、この時期、地域婦人会は全国各地にうまれたと推測される。

同じ頃、こうした地域婦人会を包括する形で軍事救護の全国的な活動組織として愛国婦人会（愛婦）が結成された。

初の全国的女性組織・愛国婦人会

愛国婦人会は、一九〇一年（明治三四年）に、内務省直轄の下につくられた県市町村による官製団体であり、四〇年以上にわたって存続した日本で最初の全国的規模の女性団体であった。

設立当初は、「戦死及び準戦死者の遺族を救護する事、及び重大なる負傷者にして、廃人に属する者を救護する」ことを目的として活動していたが、一九一七年（大正六年）に定款を改正して、「一般社会事業」として、災害被害者、貧困者、移民を対象とした救済活動や、乳児保育、児童保育、不良児童保護、妊産婦保護、失業・経済保護、生活改善などを活動内容に加え、地域の生活互助機能（戦時下の生活共助）を担うこととなった。

愛国婦人会の活動の対象が、「戦死者遺族及び傷痍軍人とその家族」から「出征軍人とその留守家族」に広げられ、慰問・奉仕・献納・送迎・寄贈金品・慰問袋・武運祈願など、いわゆる「婦人報国運動」（銃後の軍事支援運動）へと拡大したのは、一九三一年（昭和六年）の満州事変以降のことである。

愛国婦人会は、内務省の管轄下で県・郡・市町村の中央集権的行政機構によって網羅的に会員が集められたこととあわせ、農村託児所の開設など、地域の特性に即した一般事業を自主的に実践し、生活圏での生活互助的な機能を持った活動を展開したことから、広く一般女性に支持されるところとなった。また一九三三年には、未成年の女性を集めて「愛国子女団」を結成して活動の幅を広げた。その結果、愛国婦人会は一九四〇年には会員数六〇一万人となり、日本最大の婦人団体となって、地域と女性が一体となって銃後を担う強固な組織となった。

『愛国婦人会宮城県支部四〇年史』（一九四二年〈昭和一七年〉）によると、宮城県では、愛国婦人会設立と同年の一九〇一年（明治三四年）に、会員一〇〇人で愛国婦人会宮城県支部が設立され、一九三二年（昭和七年）に会員数二万六八四〇人となった。活動の内容は全国の愛国婦人会に準じたものであった。

伊藤康子氏はこのような愛国婦人会を、「皇室を中心とした軍国主義的地域社会に女性を組み込む思想的統合組織」、「会への批判を検討して軌道修正する柔軟性をもち、下層女性の「美談」で会を活性化する力をもった地域と生活に根差した組織」、「兵士が否応なしに出征する環境を整えた組織であり、かつ、生命尊重、平和志向の諸運動、労働運動、婦人参政権獲得運動、社会主義・民主主義を求める運動、反体制運動から女性を引き離す役割を果たした組織」と特徴づけ、総じて戦争へ女性を動員する銃後の体制を確立させた組織と指摘している[2]。

また同氏は、愛国婦人会が四一年間の長期にわたって存続し、かつわが国最大の強固な女性団体となった要因を官製婦人団体だったことに求めている。しかしそれとあわせ、「かつて自分の時間というものがまったく取れず、家に縛り付けられていた女性、とくに農村女性にとっては、半日家から解放されて講演を聞くことだけでも、「婦人解放」と思われた」との証言をあげ[3]、政治社会から切り離された女性が戦争協力という形ではあったが政治社会への参加の道を切り開き、女性の地位向上につながると考えた女性もいて、愛婦の活動を支持する女性が多数いたのではないかと推測している。

地域と生活に根ざした活動を地域の特殊性に配慮し、地域女性の発案で実践できたこと、地域の多様な生活互助団体的な役割を担っていたことも、愛婦が広範な女性に支持された要因だったと言えよう。

戦時下の国策に動員された女性組織

昭和に入ると、文部省の後押しを受けた大日本連合婦人会（連婦）、陸軍の後押しを受けた大日本国防婦人会（国婦）が結成され、愛国婦人会と並んで三大婦人会が結成された。

大日本連合婦人会は、地域婦人会、母の会、主婦会、母姉会及び同窓会を母体として文部省が「国運の進展、思想善導のための家庭教育振興・家庭生活改善」（一九三〇年、文部大臣「家庭教育振興ニ関スル件」訓令）を目的として一九三一年に設立した女性団体である。

この会は、皇后誕生日を「母の日」に設定し「母の講座」を開設するなど、「軍国の母」として、国のために命を捧げる「皇国民」を育てることを女性の任務とする活動を展開した。会員数は一一〇〇万人とも言われるが、他の婦人会と重複した会員が多かった。

大日本連合婦人会の組織は、愛国婦人会と同様のものであり、活動内容は、銃後の軍事支援運動とあわせ、「階級分離の思想を阻止しうる」教育であった。

これに対し国防婦人会は、満州事変の翌年の一九三二年（昭和七年）、大阪の保田せいなどの発意に、在郷軍人会の婦人版を考えていた陸軍省が関与して誕生した。愛国婦人会は会費が高く、上流婦人がリーダー的存在であったのに対し、国防婦人会は、主婦のユニフォームである割烹着（かっぽうぎ）にたすきがけで出征兵士の見送りに立つなど、より大衆的であり、地域の女性を組織しただけではなく、大工場や会社で働く女性も組織し、一九四一年には会員は九〇〇万人になっていた。国防婦人会の活動は、日の丸をかざして出征する兵士を見送ったり、帰還した兵士や軍の送迎・慰問や防空演習をするなど、軍事支援が主たる活動だったが、その他、廃品回収、「満蒙移民花嫁」の募集、自然災害時の炊き出しや見舞いなども行なった。

これらの婦人会が活発になるにしたがって相互の関係や活動に支障が見られるようになった。そこで政府は一九四一年六月、三婦人団体の統合を決定し、一九四二年には、すべての婦人会が大日本婦人会に統合されることとなった。

他方、婦人参政権や廃娼運動にパイオニア的な役割を果たした婦選獲得同盟や日本基督教婦人矯風会などの政府や軍部の後援を受けずに自主的に結成された女性団体は、他の婦人団体と連合体を作り、一九三七年、「時局に協力する」日本婦人団体連盟を創立した(4)。

総力戦の下では、銃後の国民の生活全体が戦争遂行の道具とされる。総力戦体制の下では、政治領域の参画から締め出されていた女性団体も、国策によって結成された婦人団体だけでなく、自主的に作られた女性団体も、何らかの形で戦争に協力することとなったのである。

こうして戦時下の女性たちは、配給による衣食の生活、倹約、貯蓄、国債消化の協力、隣組をはじめ、さまざまな戦時国策を実現する社会運動に動員・組織されていった。(5)

戦局が行き詰まってきた一九四五年(昭和二〇年)六月、大日本婦人会は解散させられ、国民義勇隊女子隊に改組されたが、敗戦とともに国民義勇隊は瓦解し、大日本婦人会をはじめ全国各地にあった地域婦人会も形式的には崩壊した。しかし、三大婦人会が結成される以前から存在していた素朴な地域婦人会は、戦時下の非常時のなかでも、いや非常時だからこそ、生きのびるために互助活動をやめることはなかった。

2　戦後の地域婦人会の成立

女性たちが生きのびるために立ち上げた地域婦人会

「戦争の焼け野原の中から最初に立ち上がったのは女性たちだった」という言葉どおり、戦後の地域婦人会は、戦争直後の一九四五年九月頃から次々と全国各地で誕生した。宮城県では敗戦から一カ月後の一九四五年九月に、大河原、松山で地域婦人会が結成されている。(6)

このように、戦後の地域婦人会は、全国規模の女性団体が中央部に誕生するよりも早く、また政府やGHQ(連合国軍最高司令部)の動きよりも早く、結成の動きを開始した。戦前の素朴な地域婦人会は、戦前・戦時下の困窮した事態のなかで結束し、日々の生活の営みを営々として続けていた経験を蓄えていた。戦争直後の困窮したまさに戦災状態のなかで、生きのびるために地域婦人会が結成されたのは、自然のことだと思われる。

地域婦人会が自発的に設立されることに対し、文部省社会教育局は地域婦人会を管理下に置くことを目的として、一九四五年一一月に「婦人教養施設の育成強化に関する件」(施設とは団体のこと―筆者注)という通達をだした。しかし、その内容は軍事後援という目的こそ見られないが、国策協力団体と互助組織という性格をもち、戦前の大日本婦人会と共通のものであった。

あわせて文部省によってだされた「婦人教養施設設置要項」には婦人団体の組織の仕方が書かれており、そこには、国民学校通学区域を基盤とする単位組織の結成と必要に応じての市区町村連合体の結成という構想、市区町村長・学校教職員・学識者による顧問制の導入など、基本的には戦前の地域婦人会と共通した考え方が見られた。一九四六年に文部省が出した「婦人団体のつくり方・育て方(案)」にも同様の趣旨がみられる。(7)これに対して、すでに結成されていた地域婦人会やGHQからは、戦前の官主導の婦人会となんら変わらないと批判が相次いだ。

地域婦人会を指導したGHQ

これより先、一九四五年一〇月には「マッカーサーの五大改革」(選挙権付与による婦人解放、労働組合結成の奨励、学校教育の民主化など)がだされ、GHQは矢継ぎ早に民主化措置を始めていた。急増する地域婦人会に対し、GHQは当初解散を要求していたが、地域婦人会は「教育によっては戦後改革に貢献しうる存在」になりうると考えるようになり、「ノーサポート、ノーコントロール」というスローガンのもとに、地域婦人会に対して指導を強化するようになった。(8)

戦前と同様の婦人会の設立を意図する文部省の動きを批判する立場から、CIE(民間情報教育局)婦人課長エセル・ウイード中尉は一九四六年、『民主団体とは』という冊子を公刊し、すでに各地で結成され始めていた地域婦人会を含めた各種婦人団体幹部を対象に講演、講習会を全国各地で行なった。

この冊子では、「民主的団体の性格」の原則を、「①役員は会員によって選挙される、②役員は会員に対して責任を負う、③会員は団体の行事に積極的に参加する、④団体の当面する一切の問題を全員の間で充分にかつ自由に討議する、⑤多数決の方式を採用すると同時に、少数の者も充分に意見表明できる規程を設ける」とし、「団体結成の目的」を「共通の利害と目的を持った一団の人々が単独で達成できない目的を協力して達成する」ためのものとし、「民主的団体」を任意加盟の有志組織としてとらえていた。これは戦前の地域婦人会にない組織原理であった。宮城県の地域婦人会のなかには当初役員をくじで選ぶところもあったが、次第に選挙で選出するように変わっていった。

こうして結成された地域婦人会は、大日本連合婦人会設立以前の素朴な地域婦人会や戦前の婦人会の流れを継承したような婦人会あり、GHQの指導を受け、近代的組織として結成された地域婦人会ありと、多種多様であった。[9]

一九五二年、地域婦人会の連合体として全国地域婦人団体連絡協議会（全地婦連）が設立され、以降、地域の取り組みと並んで、物価引き下げ運動、生活改善運動、青少年不良化防止運動、消費者運動などの全国的な取り組みが大々的に展開されていくこととなった。

なお、地域婦人会と全地婦連は、GHQの撤退後は、文部省、各自治体教育委員会の管轄のもとに、社会教育団体として位置づけられ、指導管理のもとにおかれることとなった。ここからも、地域婦人会は多様な地域・社会運動を体験するなかでの教育という機能をもつこととなったのである。[10]

3　戦後宮城の地域婦人会の活動

戦災復興活動の組織として――戦争直後の地域婦人会の誕生と活動

宮城県では一九四五年、県内一八九市町村の四五％で九一団体の地域婦人会が結成された。大河原、松山の婦人会の結成は、文部省が地域婦人会の設立に関与する文書をだす以前のことであった。しかし松山婦人会は役場職員からの依頼で作られたとの記録があり、両婦人会の性格はかなり異なる。

宮城県教育委員会『宮城県社会教育の歩み』および佐藤和賀子氏の研究によれば、松山町婦人会（会長・茂庭わかば）は、役員選出は選挙であったが、書記は役場職員、会計は町村の収入役であり、事業も「英霊の出迎、遺族への弔意や稲刈りの手伝い、疎開児童への援助、戦争犠牲者に対する奉仕活動」が中心で、戦前の大日本婦人会のあり方をほぼ踏襲したものであった。

他方、大河原婦人会は「二〇歳以上の任意加入、選挙による役員選出」という民主的な手続きのもとに結成された。宮城県の戦前の地域婦人会では「愛国婦人会長は町長夫人、国防婦人在郷軍人分会長夫人が一般的であった」[11]ことからすれば、選挙による役員選出は画期的なことであった。

地域婦人会の活動をみても、たとえば、塩竈婦人会が食糧難のなかで生活防衛のために酒造米廃止運動を展開していること（一九四五年一一月）、若柳婦人会が「新憲法と婦人」と題する講演会を開催していること（一九四七年）、県南の船岡町の上名生（かみのみょう）・中名生（なかのみょう）・下名生（しものみょう）の三地区で結成された三名生（さんのみょう）婦人会ではムシロ織機を共同購入し、藁工品を共同出荷したり、緬羊の共同購入など農村独自の活動を展開していること（一九四九年）、気仙沼婦人会が家制度によらない新しい結婚のあり方や女性の自立についての講演会を開催していること（一九五〇年）、このほか、多様な地域婦人会で生活改善、花嫁衣裳の共同購入、台所改善、受胎調節などの運動が取り組まれていることなどをみると、宮城県の地域婦人会の多くは、戦後のあらたな政治状況のなかで新しい日本の地域と暮らしを再建する戦災復興活動の組織として動いていたことがうかがわれる。

重視した嫁姑の世代間ギャップ――宮城県下のユニークな婦人教育

こうした個別地域婦人会の動きとは別に、宮城県では、一九四八年に初めて婦人教育費が計上され、個々の地域婦人会の学習活動に経済的な助成がなされるようになり、宮城軍政部、県社会教育課、地域婦人会の連携の下に活発な教育学習活動が取り組まれた。その取り組みのなかでユニークなものは、米軍基地内の米軍人家族が暮らすアメリカンハウスの見学を含む「社会見学」と「嫁と姑の仲良し大会」であった。

「社会見学」は、県社会教育課が「婦人団体のための政治教育の手段」として実施したもので、県庁、県議会、税務署、図書館などを見学コースとしていた。そこに、宮城県軍政部がアメリカンハウスの見学を提案し、一九四九年以降婦人週間の関連行事として実施されるようになった。

佐藤和賀子氏によると、見学時間は一時間一五分、三〇人前後の女性がアメリカ人将校の家を訪問し、台所やベッドルームを見学したり、掃除機や洗濯機の使い方を教えてもらい、その後お茶やお菓子を食べながら交流するというもので、参加者には大変好評で、一九四九年度から五二年度まで毎週火曜日に、計一九五回実施し、一万七〇三四人が参加したとのことである。

「嫁と姑の仲良し大会」は、世代間の意識のギャップをなくすことを目的としたイベントで、一九四八年から開始されたものである。当時、文部省は地域婦人会を「能力の低い婦人に特別の教育を施すための婦人教育」の団体と位置づけ、女性のみを対象とした「婦人教育」に力をいれていた。これに対しGHQは、女性のみを対象とした「婦人教育」は男女平等教育になじまないとし、男女共学の社会教育を推進すべきと主張した。そのなかで宮城県軍政部は、宮城県には男女間だけでなく、女性内部に世代間対立の問題があり、これを取り除くことが重要だと考え、「嫁と姑の仲良し大会」が実施されることとなったのである。(12)

活動の拠点づくり――公設民営の宮城県婦人会館

活動は、活動する場を必要とする。

各地に誕生した地域婦人会は、当初は、小中学校の校庭を借りたり、役員の自宅を転々として活動していたと記録に残されている。日常的に集まれる場所もなく、おそらくは活動費もままならないなかでの活動は並々ならぬ苦労があったであろうし、交通・通信手段が十分でなかった当時は、同様の活動を展開している他の地域の婦人会や他団体との情報交換や連携にも、大変な困難があったにちがいない。

そのなかで、県下の地域婦人会をまとめる形で一九五二年（昭和二七年）、宮城県地域婦人団体連絡協議会（宮婦連）が、県下最大の女性団体として結成された（会員二三四団体、二二万七千人）。またこの頃、漁協、農協の婦人部、未亡人会*などの女性団体が次々と結成された。

＊未亡人会……当時は戦争により全国に一八七万人余の夫を失った女性が存在し、彼女とその子どもたちの生活と仕事の確保のために全国各地に未亡人会が結成されていた。宮城県では一九五〇年に古川未亡人会、仙台市未亡人会が結成されている。

これらの団体にとって、宿泊施設をもち、いつでも集うことができ、研修や経験交流ができる拠点施設は切実な願いだった。婦人会館建設の動きは一九五五年頃から全国各地で見られるようになる。『女性施設ジャーナル』一号の座談会で、当時の（財）日本女子社会教育会常務理事・志熊敦子氏は女性施設の歴史を振り返るなかで、「何のために女たちは建物を作ったのかといえば、活動があるからなんです。活動があるから建物がある。それが原点ですね[13]」と述べているが、宮城県婦人会館にもこの言葉はそのまま当てはまる。

宮城県教育委員会『宮城県社会教育の歩み』（一九七五年）、『宮城県婦人会館の三八年』（二〇一〇年）によると、活動の拠点施設を求める女性たちの声が高まり、一九五五年（昭和三〇年）に、宮婦連、農協婦人部、漁協婦人部、未亡人会からなる「宮城県婦人会館建設準備委員会」が設置され、その三年後、仙台市裏山本丁の元県教育長公舎を転用する形で婦人会館が設置された。

しかし、本格的な会館の建設を求める声は消失するどころかますます大きくなり、その後一七年間の粘り強い運動の結果、一九七二年（昭和四七年）に婦人会館が建設され、建物は県の施設、管理運営は財団法人「みやぎ婦人会館」という公設民営の婦人会館としてスタートした。財団法人「みやぎ婦人会館」は、女性たちが一〇〇円募金運動や「トッパー」（裾広がりの羽織物のこと。洋装だけでなく、和装用も作った）を販売するなどして集めた建設資金を原資に設立された団体で、今日にいたるまで婦人会館の管理運営にあたっている。

結婚式簡素化の提案――新生活に向けて、婦人会館での三つの活動

このようにして建設された婦人会館は、県下の女性たちの活動とネットワークの拠点となると同時に、地域婦人会を中心とする女性団体の会員を対象に、婦人会館の宿泊施設を利用した一泊研修、一日研修、各地域へ出向

いての移動婦人会館などを開催し、女性リーダーの養成・研修の場となった。さらに、広範な女性たちが求める新しい生活文化を創出し提案する場となり、多様な文化と教養に対するニーズに応える場となった。

戦後復興期から高度経済成長を経て、地域社会と生活をとりまく状況は急激な変化をみせた。そのなかで生活を立て直し、維持発展させるには、生活防衛の活動とならんで、新しい家庭・生活文化の創出が必要だった。全国の婦人会館はこぞって、広範な女性たちの求めに応える形で、「新生活運動」の発信の拠点となった。宮城県婦人会館で取り組まれた特徴的な事業としては、結婚式の簡素化を目的とした婚礼事業、マリッジカウンセリング教室、成人向け学習講座の三つをあげることができる。

冠婚葬祭の新しい形を創出することは、戦後の新しい家庭生活を創出するうえで重要な課題の一つだった。宮城県の地域婦人会では、会館が設立されるまではそれぞれの地域で花嫁衣裳の共同購入・共同利用などを行なっていたが、婦人会館ができてからは、「結婚式を簡素化しましょう」というスローガンのもとに、婦人会館を会場にした人前結婚式が提案・実施されるようになった。婦人会館で挙式した夫婦は一九七二年の開始から一九九四年に事業が停止されるまでに、一三九七組にのぼる。

また、一九七八年から当時の文部省の委託事業としてマリッジカウンセリング教室が実施された。産婦人科医師や心理学者、弁護士などの協力のもとに、「結婚と人生」「家族計画」「受胎調節」「男女交際」「結婚と法律」「女の性・男の性」などについて、未婚の男女（実際には受講生のほとんどは女性であったようだ）を対象に、講座やフリートークを行なった。

新しい男女のあり方、夫婦、性、家庭のあり方を語りあうこと自体が当時は珍しく、当初は受講生集めに苦労したと言われている。しかし次第に盛況になり、移動マリッジカウンセリング教室として、県下の各地域でも実施され、延べ参加者は四九二九名にのぼった。

婦人会館の成人向けの学習講座（教養講座、婦人講座）もまた、カルチャーセンターがなかった当時、多くの女性たちに歓迎された。「老後の生活」「情報化社会と家庭生活」「環境とエネルギー」「婦人の社会参加」などの社会的なテーマから文学的内容の講座や料理、書道、茶道、絵画、英会話、さらにはからだを動かす講座など、多岐にわたった講座が提供され、いずれも大盛況だった。

とくに「万葉を読む」という教養講座には、六倍以上の応募があり、聴講生の六割は四〇〜五〇代の女性で、万葉集全巻を読破したという。講師の熱意もさることながら、「女に学歴は必要ない」と言われた時代に育った女性たちの学びの意欲には並々ならぬものがあったと思われる。今日ではさまざまなカルチャーセンターが開催されているが、婦人会館が女性の学びのニーズに応えて生涯学習の草分けとして機能したことがうかがわれる。

会館の管理・運営がひとづくりにも貢献

鎌田さんのケースのように、婦人会館に集い・学んだ女性たちは、地域活動のリーダーや地域文化の担い手となって、地域の活性化や地域の環境問題への対応、次世代の育成に貢献した。この意味で婦人会館は女性たちの活動の拠点施設となったと同時に、地域リーダーのひとづくりの場として機能したということができる。

ひとづくりという点では、婦人会館の管理・運営にたずさわることも、もう一つのひとづくりとなった。建物を建て、管理運営するということ、事業を企画・運営するということは、管理運営に関する事務能力を必要とする。中村紀伊氏は女性施設の歴史を振り返るなかで、昔は小切手をどう処理していいかわからない地域婦人会の会長がいたが、婦人会館の管理運営に携わるなかで、従業員の就業規則や退職金規定、会館の経理運営のノウハウを身につけていったと回想している[14]。

宮城県婦人会館の管理運営に携わった多くの女性たちも、事業の企画・運営の力とあわせ、経営の戦術、能力を身につけたことであろう。そうでなければ婦人会館は今日まで維持できなかったのではないか。会館をもつということは、こうした意味でも女性の能力を開発し、ひとづくりに貢献したのである。

注

(1) 全地婦連『全地婦連一〇年のあゆみ』一九六五年、全地婦連『全地婦連二〇年史』一九七三年。

(2) 伊藤康子『草の根の女性解放運動史』吉川弘文館、二〇〇五年。

(3) 前掲、一四二ページ。

(4) 鈴木裕子『フェミニズムと戦争』マルジュ社、一九八六年。

(5) 早川紀代『戦時下の女性たち——日本・ドイツ・イギリス』岩波ブックレット、一九九三年。

(6) 宮城県教育委員会『宮城県社会教育の歩み』一九七五年。

(7) 佐藤和賀子「占領期における婦人教育政策の地域的展開——宮城県地域婦人団体の形成過程を事例に」『歴史』二〇〇二年四月。

(8) 千野陽一「地域婦人会」朝日ジャーナル編『女の戦後史Ⅰ』朝日新聞社、一九八四年。

(9) たとえば一九四六年五月に設立された小牛田町婦人会は「婦道に則って」「修身斉家奉公の実を挙げる」「既婚の婦人及び二五歳以上の婦人」という会則だったが、一九五〇年には「小牛田町に在住するこの会の趣旨に賛同するもの」で構成され、「会員の教養と親睦をはかり、婦人の経済的、社会的、政治的地位をたかめる」ことを目的にした婦人会に改正された。佐藤和賀子・注7。

なお、全国地域婦人団体連絡協議会の『全地婦連三〇年のあゆみ』(一九八六年)によれば、全国の六四%の地域婦人会が戦後復興期の昭和二〇年代に結成されている。設立の動機は四八％が自発的、四一％が外からの働きかけによるもので、外からの働きかけのうち、五〇％が上部団体、四〇％が行政（そのほとんどが教育委員会社会教育課）であったという。

（10）これまでの地域婦人会研究による地域婦人会の評価は、①田辺信一氏にみられる「地域封建支配層による女性の政治的取り込みを目的とした組織。しかし戦後の国家政策、各種婦人運動、法的婦人解放に裏付けられた平和日本への期待と婦人の地位向上への意欲が見られる」との見解、②千野陽一氏にみられる「大日本婦人会の戦後版であり、GHQ（民生部）の下請け的組織、自主性はなにもない」との見解、そして③伊藤康子、佐藤和賀子、大日方純夫氏らにみられる「生活領域と地域固有の運動として、一定の評価が可能である。」との見解がある。筆者は宮城県の地域婦人会に関しては、③の見解にあたるのではないかと考える。

（11）宮城県教育委員会『宮城県社会教育の歩み』一九七五年。

（12）一九四六年に文部省社会教育局長から地方長官宛に二つの文書が通達されている。七月には母親学級だったものが翌年一〇月には社会学級に変更されている。これは成人教育の「男女共学」を推進するネルソンの意向を文部省が受けたからである。学級生は圧倒的に女性だった。

婦人教育は社会教育に包含されるべきであると、占領軍当局の中央は考えたが、地方軍政部は婦人教育の必要性を考えた。日本社会における婦人の立場が欧米とは異なっているので、社会教育の立場から婦人教育が必要であることを強調し、婦人団体を「婦人教育の最大の足がかり」「本件における婦人教育の推進主軸」と位置づけた。

昭和二〇年代の宮城県では、社会教育の現実的な課題は「男女共学」ではなく、「嫁姑共学」であった。これは一戸一人の会員という戦前の婦人会の習慣が戦後も引き継がれ、姑が会員の間は嫁は会員になることができなかったからである。戦後宮城では、嫁姑問題が社会教育の観点からも取り組むべき課題とされ、このようにしてできたのが「嫁と姑の仲良し大会」であった。嫁の集団である若妻会は一九五二年に県内で結成され、当時の規模は四八六団体・会員数二万七四一九人だったとのことである。

また、地域によっては嫁姑問題よりも「おやじ教育」が必要という声があがったところもあり、男性の封建的打破に取り組む地域も出始めた。宮城県において男子成人教育が実践的教育として結実するのは昭和三〇年代になってからのことで、一九五八年に登米（とめ）郡中田町桜場小学校に「父親学級」が結成された。翌年栗原郡築館町黒瀬地区では公民館が中心になって「家長学級」、鳥矢崎地区では「だなど（旦那）の学級」が別学として、家庭生活で夫や父親の民主化を求める女性たちの要望で開講されたそうである。このようにして、宮城県では、社会教育の別学が進められたのである。（佐藤和賀子・注7）。

(13)（財）横浜市女性協会『女性施設ジャーナル』一号、学陽書房、一九九五年、二六ページ。なお同書所収の「座談会　女性施設の一〇〇年史」は、戦前からの婦人会館の歴史が紹介されており、興味深い。

(14)　座談会「婦人の学習の場を考える」国立婦人教育会館編『婦人教育情報』六号、一九八二年九月。

第2章

社会学級で培った力

語り手……宗片恵美子さん

一九四九年（昭和二四年）生まれ。特定非営利活動法人イコールネット仙台代表理事

イコールネット仙台代表理事を務める宗片恵美子さんは、団塊世代の最後に属す世代だ。仙台で生まれ、育ち、結婚・子育てを体験し、地域で活動し、東日本大震災を契機に仙台から女性視点での防災の必要性を全国に発信し続けている、女性リーダーである。宗片さんの力の源を聞きたいというと、彼女は静かに、力強く、自身のこれまでの個人史を語ってくれた。

1　活動前史

差別への怒りが原点

一九四九年一〇月、仙台市で四人きょうだいの長女として生まれました。三歳下の妹に障がいがあり、当時は教育を受けたくても難しい状況にありましたが、両親は妹に特別扱いはしたくないと、普通学級に入れ

るため、何度も役所に足を運び、私と同じ小学校に通うことになりました。

私は、毎朝、妹と一緒に通学し、妹を教室に送り届けてから自分の教室に行くという毎日で、休み時間のたびに、妹の教室に行っては世話をするのが日課でした。妹は学校でも、地域でも特別視されていました。

ですから、人が差別を受けるということに対して、私は子どもの頃から敏感で、差別に対する怒りは常にあったような気がします。意識してはいませんでしたが、その体験が今につながっているのかもしれません。

職業婦人に徹した母

私の母は、当時としては珍しく、仕事を持ち、働き続けていました。周りには専業主婦が多く、周囲からは浮いた存在でした。

しかし、母は周りの目を気にする人ではなく、人とのコミュニケーションもあまりうまく取れない人だったので、近隣の人たちとも父の両親ともあまり良い関係ではありませんでした。そんな母の姿は、私の目にはとても生きづらそうに見えました。

また、母は家事・育児があまり好きではなく、子どもたちと積極的にスキンシップをするということもありませんでした。それに対し、父はとても愛情豊かな人でした。父は公務員でしたが、母とは違い、地域の仕事をしたり、ＰＴＡ会長をしたり、子どもの面倒も見てくれました。当時としては珍しいカップルだったと思います。よく夫婦喧嘩もしていました。私は、そんな母に、あまり愛情を感じることができませんでしたが、父のおかげで、その分救われていたのだと思います。

その後、女性学や女性問題に取り組むようになって、母は母なりに自分らしく生きたかったのでしょうが、周囲からは理解されず、自分を守ろうとしていたんだろうなと思えるようになりました。今は、母の生き方や考え方が理解できるようになりましたが、当時は近寄りがたい存在でした。

母は、女性は自立すべきだという強い考えを持っていた人で、私の進路などにも干渉し、レールを敷くようなところがあり、そんな母をどうしても好きになれませんでした。

母の言いなりになりたくないために母のすすめる大学進学もやめ、就職しました。その後、母が八〇歳で亡くなるまで、関係はうまくいきませんでした。

価値観が違う義父母との同居生活

結婚も母には反対されました。夫の両親は明治生まれで、夫は、遅く生まれた一人息子でした。両親との同居が前提の結婚で、「若い嫁をもらって介護をしてもらう」といった考えの両親だったので、私の母ともあまりうまくいきませんでした。母への反発もあって結婚したのですが、封建的な夫の両親に悩まされることになりました。

義父は喉頭がんを患って、筆談での会話が中心でしたが、言いたいことが伝わらずに苛立ちをぶつけてくることがよくありました。義母も、私の母とは違った意味で女性はこうあるべきだという考えをしっかりもっている人でした。そんな結婚生活のなかで、徐々に萎縮していく自分を感じていました。結婚と同時に、嫁の役割をしなければならなくなり、嫁をしている母をみたこともなかった私には、どうしたらいいのかわかりませんでした。母の教えで、いつのまにか、自分の考えをもって行動することが当たり前になっていた私には、結婚生活には多くの苦労が伴いました。

子どもは母親が育てるものという夫の両親の考えもあり、長男の出産と同時に会社を退職し、専業主婦になりました。子どもは息子二人で、男子を産んで、初めて義父にほめられ、複雑な思いでした。子育てにも夫の両親からの絶え間ない干渉がありました。私自身、自信が持てず、自尊感情がどんどん落ち込み、うつに近い状態になっていったことを覚えています。

2　社会学級との出会い

不器用なフェミニストの母との関係、戦前の「家」制度意識の根強い夫の両親との関係、「嫁」の立場と専業主婦の生きづらさ——宗片恵美子さんの話はどこかで、同世代の女性にとっては、これまでの自分の体験と重なる。どうしようもない生きづらさから彼女を解放したのは、まずは社会学級との出会いだった。そのことを宗片さんは次のように語ってくれた。

一社会人として勉強・実践できる貴重な場

長男が小学校に入学した時に、仙台市の教育委員会が各小学校に開設している社会学級に入級しました。社会学級は、学区内の地域住民に開かれた生涯学習の場で、老若男女、小学生の保護者でなくても誰でも参加できる学習の場でした。

当時はカルチャーセンターなどはありませんでしたし、私にとっては、社会学級が魅力的な居場所となりました。月一回程度、講座が開催され、その講座の企画運営はすべて学級生に任されていて、私も早速運営委員となり、運営に携わることになりました。施設見学や講演会、趣味の講座なども企画しました。母や妻や嫁の役割から解き放たれ、一人の社会人としての実感が持てる貴重な時間になりました。

学級生の多くが主婦で、そこで語られる女性たちの息苦しさや生きづらさは共通のもので、自分だけではないのだということが、私を活動に向かわせるきっかけとなりました。そしてそれが個人的な問題ではなく社会的な問題で、解決されるべき重要な問題なのだということを、その後かかわった社会学級研究会の活動を通して理解できました。

私が在籍した社会学級で、運営委員から運営委員長となり、仙台市内の各社会学級の委員長の研修の場である社会学級研究会に出席するようになりました。ちょうど、一九八〇年代で、この研究会で、国際婦人年や女子差別撤廃条約など、女性をめぐる国際的な動きなども学びました。私はこの研究会の会長もやりました。またその頃は、行政が女性の人材育成に力を入れていた時期でもあり、東京や大阪で開催される研修に私たちを積極的に派遣してくれていました。振り返ると、当時は、行政が人材育成に多くの投資をしていたのだと思います。この社会学級の活動を通して企画や運営に携わり、実践的なスキルを学ぶことができました。この経験が、私の基礎をつくり、現在に役立っていると思います。これは、私だけでなく、社会学級で学んだ女性たちにもいえることで、活動する女性たちが数多く育った時期でもありました。

3　自らの活動を開始

社会学級のなかで仲間を見出し、力をつけた宗片さんは、その後、仲間たちと自主グループ「グループℓ(アイ)」を立ち上げた。宗片さんの話を続ける。

「グループℓ」の立ち上げ

当時は、社会学級を卒業すると、社会学級や研究会で出会った仲間たちと関心のあるテーマについて自主的にグループを作る流れがありました。私は、一九九二年、研究会の同期の人たちと女性の性とからだについて考える「グループℓ（アイ）」を立ち上げました。

最初に世界の女性たちの中絶を映像化した「北と南の女たち」との出会いとその映画の上映会を実施したことで、「わたしのからだはわたし自身」というメッセージを多くの女性たちに届けることができました。

その後、一〇〇〇人の女性たちへの中絶に関する調査を行ない、女性たちの中絶・避妊の実態を明らかにしました。この調査には、女性たちの声が数多く寄せられ、中絶経験に苦しむ女性たちの多さに衝撃を受けました。その後、女性たち同士で性とからだについて語り合う会や不妊・更年期・避妊などの勉強会、女性のからだをめぐる社会的な動きについても、講演会やセミナーなどを行ないました。そして、それらを集約して『女性のだれにもいえないからだのことやセックスのことを考える本』を発行しました。これまでタブー視されてきた性やからだのことについて、ことばにし、共有することから始めよう、経験した私たちから次世代の女性たちに伝えていこうと活動をすすめてきました。

「わたしたちの女性センターを実現する会」一九九五年二月発足

「グループℓ」を立ち上げた後は、「エル・パーク仙台」（現仙台市男女共同参画推進センター、当時は仙台市婦人文化センター）が活動拠点となりました。市内で活動するグループの多くがこの施設を利用していました。この施設は、全国でも先駆的な市民活動支援施設で、全国から、多くの視察が来ていました。

一九九五年には、仙台市が「エル・パーク仙台」の利用率が高く、空間的にも限界だという市民の声に応えて、太白区（たいはく）に本格的な女性センターを建設する計画を発表しました。

そこで、市民参加の施設づくりをすすめていこうと、「エル・パーク仙台」を利用しているさまざまなグループが集合し、一九九五年二月「わたしたちの女性センターを実現する会」が立ち上がりました。

私は「グループℓ」から参加し、会の代表になりました。新たな活動拠点への期待もあり、あの時が最も熱い時間だったかもしれません。ところが、計画は、市の財政難によって頓挫し、紆余曲折の末、現在の二館体制の男女共同参画推進センターになったわけです。

ネットワークづくりを目的にした「イコールネット仙台」へ――後継者育成の課題

仙台市の男女共同参画推進センターが「エル・パーク仙台」と「エル・ソーラ仙台」の二館体制になったのを機に、「わたしたちの女性センターを実現する会」は発展的解消をして、男女共同参画に幅広く取り組むとともに、ネットワークづくりを目的にしたイコールネット仙台が立ち上がりました。

「わたしたちの女性センターを実現する会」が、市に対して出していた要望のなかに、「施設運営への市民参加」を入れていたこともあり、市は、現在の市民活動スペースの運営管理を市民に委託することにし、委託団体の公募が行なわれました。

二〇〇三年、さっそく、イコールネット仙台は法人格を取得、応募し、受託団体として採用されました。

市民活動に必要な支援をどう提供していったらいいのか、利用者の目線を大事に、活動する人たちにしっかりと届く支援にしたいとスタッフと日々話し合いながら取り組んできました。

その後、「エル・パーク仙台」の廃止の動きが出た時期もありましたが、「エル・パーク仙台」で活動する数多くの団体が一致団結して、廃止を阻止しようと行動を起こしました。結果、「エル・ソーラ仙台」の一部を縮小することで、問題は決着しましたが、理不尽な力に対抗する市民のパワーを実感した大きな出来事でした。

団体としての課題は後継者育成です。今は、時代の流れは少し違うように思います。若い人たちには、男女共同参画について、その必要性を実感していないように見えますが、自分が置かれている現実に男女共同参画が深くかかわっていることに気づいていないだけなのかもしれません。そこをつないでいくのは、私たち世代の責任でもあります。

私を育ててくれた社会学級も、さまざまな変遷を経て、内容も形も変化してきています。現在も三〇〇〇人くらいの学級生がいるとのことですが、在籍年数も短くなっているといいます。今は、生き方にもさまざまな選択肢があり、仕事もできる、学習の場も多くあります。社会学級は、その選択肢の一つにすぎないのかもしれません。「役員のなり手がいない」「学級生が集まらない」などの理由から、学級を維持できなくなっているところも出てきているといいます。震災がその動きに拍車をかけているのかもしれません。残念です。

しかし、二〇一三年から、地域防災の担い手を育成しようと、毎年開催しているイコールネット仙台主催の「女性のための防災リーダー養成講座」には、社会学級の委員長経験者が多く参加してくれています。人材の存在を確信させるうれしい動きです。彼女たちの存在を見える化することで、彼女たちが力を発揮する機会が生まれています。この広がりは新たな人材育成の可能性を示してくれているように思います。

4　大学で福祉心理学を——もう一つの学びの場

義父母同時の介護を夫とともに

私は、夫とともに、夫の両親の介護も経験しました。両親の希望もあり、自宅での介護となりました。夫も、職場と自宅を往復しながら、おむつ交換をしたり、からだを拭くなどして、介護を続けました。それでも活動をやめようとしない私に対して、親戚などからは「嫁としていかがなものか」といった指摘が遠回しにあったりもしましたが、夫の理解もあって、何とか二人でやりぬきました。大変な時間でしたが、両親二人を無事に見送りました。

自分で入学資金を蓄えて

私は、大学で心理学を学びたいと思い、二〇〇〇年に東北福祉大学に社会人入学し、福祉心理学を学びました。心理学を学びたいと思った背景には、フェミニストカウンセリングとの出会いがありました。社会学級の活動を通して、女性たちが置かれている差別的状況が女性たちにもたらす心理的な症状に対して生まれたフェミニストカウンセリングに関心を持ち、関連のセミナーやワークショップに参加し、カウンセリンググルームの立ち上げなどにも関わりました。さらに深めていきたいという思いが強くありました。

そこで、自分が主婦で、経済力は夫に依存している状況にいつも焦りを感じていた私は、自宅で子ども向けの英語教室を開いて、大学の入学金を蓄え、夫の両親が亡くなり、介護が終わった時期に、大学に入学し、四年間通いました。若い人たちと机を並べて学ぶのはとても新鮮でしたし、活動とは違い、体系付けて専門的に学ぶことの必要性は大学に行って感じました。そのことで、自分の活動の裏づけが取れ、活動に対する自信も生まれ、大学に入学して良かったと思っています。レポートの作成も試験も大変でしたが、私の書いたものを認めてくれる先生もいて、学生たちに発表する機会も与えられ、活動と大学での学びがうまくつながったと思っています。

仙台で長く活動し、さまざまな女性と出会うなかで、女性が抱えている問題を解決するには、社会を変えていくような動きにしていかなければならないと思っていましたので、大学入学で、その動きに説得力を持たせることができたと思います。

卒論は「母と娘」をテーマに取り組みました。学生への聞き取りやアンケート調査をし、書き上げました。カウンセリングに関心を持った背景には、私自身の母との関係があったからかもしれません。周囲と多くの軋轢を持ちながら生きることは、母にとっても大変なことだっただろうと思います。ずっと分かり合えなかった母と私ですが、きっと今は、母も、私の生き方を認めてくれているだろうと思います。

解説

エンパワメントの場としての社会学級

1　学校教育以外の教育の場を広める政策

社会学級とＰＴＡの関係――女性の参加が多かったわけ

宗片さんの人生の転換点となった社会学級とは、一九四九年に制定された「社会教育法」にもとづく成人教育の一つである。戦後、わが国の教育制度は、ＧＨＱ（連合国軍最高司令部）のＣＩＥ（民間情報教育局）の指導のもとに、日本国憲法を土台にして、戦前戦中の教育勅語にもとづく教育とは一八〇度異なる新しい制度へと改革された。

まずは一九四七年に「教育基本法」が制定され、そのもとに「学校教育法」（一九四七年）、「教育委員会法」（一九四八年）、そして「社会教育法」（一九四九年）が制定された。「社会教育法」は、学校教育以外の教育を社会教育として振興するための法律で、その第四八条で社会学級について以下のように規定している。

（社会教育の講座）

第四十八条　学校の管理機関は、それぞれの管理に属する学校に対し、その教育組織及び学校の施設の状況に応じ、文化講座、専門講座、夏期講座、社会学級講座等学校施設の利用による社会教育のための講座の開設を求めることができる。

二　文化講座は、成人の一般的教養に関し、専門講座は、成人の専門的学術知識に関し、夏期講座は、夏期休暇中、成人の一般的教養又は専門的学術知識に関し、それぞれ大学又は高等学校において開設する。

三　社会学級講座は、成人の一般的教養に関し、小学校又は中学校において開設する。

四　第一項の規定する講座を担当する講師の報酬その他必要な経費は、予算の範囲内において、国又は地方公共団体が負担する。

法文に見られるように、社会学級は「社会教育法」で社会教育の一つとして規定されており、学校施設を地域の子どもたちや一般市民に開放する「学校開放活動」の一つとして小中学校単位に開設された(1)。学級生は、学校区に属す社会人であれば、児童生徒の保護者でなくても学級生になることができた。文部省『婦人教育・家庭教育行政資料』(一九八〇年三月)によると、戦前からの母親学級が戦後両親学級となり、これを含めて社会学級として法制化されたとあって、性別にかかわらず募集されたが(社会教育における男女共学)、実際には学級生の大多数は女性であった。

とくに文部省が女性に対して社会教育を推進したことから、社会学級という名称を使わず、婦人学級という名称で実施されたところもあったとも言われている(2)。

また、文部省は一九四七年頃からＰＴＡの設置を奨励し、一九五〇年頃にはほとんどすべての小学校・中学校・高等学校にＰＴＡの組織がつくられていた。文部省はＰＴＡに社会教育としての活動を期待したため、多くの社会学級はＰＴＡと結びついた形で発展していった。このような状況から、社会学級は多くの場合、ＰＴＡの会員で、しかも母親が多数を占め、社会学級は女性の生涯学習の場として発展していったと言われている。なお、似たような名称の社会教育に、婦人学級や家庭教育学級がある。

家庭教育学級は、子どもの非行が問題化し始めた一九六四年に、「両親等にたいする家庭教育に関する学習の機会を拡充する」ために文部省の指導により市町村が開催した家庭教育に関するもので、大部分は市町村の教育委員会が主催しているが、ＰＴＡ等が中心になって開催しているところもある。

その後文部省は、乳幼児に関する悩みや育児不安を持つ親が増加するなかで、市町村教育委員会が行なう家庭教育学級のなかに、一九七五年度から乳幼児期の子どもを持つ親を対象とした「乳幼児学級」、一九八一年度から新婚・妊娠期のこれから親になる男女を対象とした「明日の親のための学級」、さらに、働く母親が増加するなかで、一九八六年度から共働き家庭を対象とした「働く親のための学級」などを社会教育として進めた。こうして社会と家族をめぐる状況の変化に応じて社会教育は多様化していったが、そのなかで社会学級は、地域差があるが、全国的には次第に縮小・閉鎖の方向に進んでいった。

2　画期的な仙台市の社会学級

市内すべての小学校に設置

仙台市では、「社会教育法」が施行された一九四九年、すぐに市内の小中学校に一六の社会学級が開設された。

その内容や形成過程は画一的なものではなく、たとえば一九五一年に開設された七郷社会学級は、仙台市七郷女子青年団によって、農閑期を学習に充てたいとつくられたもので、一七歳から二二歳の勤労女性四三人が一二月から翌年三月までの四カ月間、毎週土曜日午前九時から午後六時まで、珠算、社会科、作法、洋裁、職業など六科目を学んだ。この学級に対し、仙台市社会教育課は講師の紹介はしたが、学級開設は当時の若い女性たちの向学心と行動力によって実現したものであったとの記録がある。(3)

宮城県・みやぎの女性史研究会編著『みやぎの女性史』(河北新報社、一九九九年)によると、一九六二年には仙台市内すべての小学校に社会学級が設置され、学級生は一九六八年にピークを迎え、六〇〇〇人に達したとある。しかしその後、働く女性が増えて活動時間を確保することが困難になったこと、活動や学習の場が多様に存在するようになったことなどから学級生は減少し、二〇一四年現在市内一一八の学級で約三〇〇〇人ほどになっている(仙台市ホームページより)。

学級卒業生が市民活動の担い手に

社会学級が女性のエンパワメントの場となり、ここで学んだ女性たちがその後市民活動の担い手として育っていったことを、『みやぎの女性史』は以下のように記している。

社会学級で学んだ人々の中に、さらに踏み込んだ学習や実践を目指す女性たちが育っていった。彼女たちの要望で一九五五年に結成されたのが社会学級研究会である。その組織は原則的には社会学級生は全員自動的に会員となるが、単位学級の運営委員長のなかから研究会の会長、副会長、事務局が選ばれる。こうして社会学級は横のつながりを持ちながら、共同でさまざまな活動を行うことにより、学級運営委員長は視野を広げ、実力をつけていく。発足からしばらくは社会学級研究会の会長は男性だったが、一九六七年以降は女性が会長になっている。また、一九七〇年頃までは研究会の事務局は会長の自宅に置かれていたが、その後仙台市から旭が丘小学校の空き教室の提供を受け、常設の事務局を確保できるようになった（現在は連坊小路小学校―引用者）。研究会が毎年開催している研究大会のテーマは、当初からどちらかといえば、家庭や子供の問題に限定されない女性として、一人の自立した人間としての生き方や社会での役割を考えるものが多い。たとえば一九六九年のテーマは「社会の動きと学習課題」、一九七二年は「心ゆたかな女性になるために」というテーマで樋口恵子を招いて「女性を斬る」と銘打ったパネルディスカッションを開いている。このような中から、自覚的、意識的に社会参画を目指す女性たちが育っていった。とりわけ、一九六九年からはじめられた問題別研究会（現在は社会学級セミナーと改称―引用者）は仙台市における女性の人材育成の場であった。一九七八年には高齢社会を取り上げ、女性の社会参加を促して「あなたも小さな革命家に」と呼びかけたり、一九八一年には女性差別撤廃条約批准を促す学習会をもつなど、ジェンダー問題について先進的な学習を積み重ねてきた。（中略）この社会学級研究会の問題別学習会の企画運営に携わった女性たちの中には、その後独自に活動グループを結成したり、県や市の審議会の委員になった者もおり、多方面で活躍している。(4)

仙台市の社会学級が女性のエンパワメントと市民活動に大きな影響を与えたことは、宗片さんの話からもわかる。社会学級に入級して一〇年目の一九九〇年、宗片さんは社会学級研究会の会長になった。そのときの挨拶文が「社会学級研究会だより」四六号に掲載されている。「新しい時代　理論から実践へ」と題された挨拶文で彼女は社会学級での一〇年間を振り返って次のように書いている。

私が一〇年前に入級した当時を振り返りますと、子どもが学ぶ同じ校舎の一隅で、私もまた一人の大人として学ぶことに晴れがましい思いさえ持ったことを思い出します。至れり尽くせりの待遇が用意されている他の場と違い、「何を学べばよいのか」、「何を学びたいのか」を自らが考え、仲間とともに話し合いを重ねる中で学習への意欲を燃え立たせていく、こうした手作りの過程が私にとっては刺激的で魅力的なものでした。一つのものを仲間とともに手をかけながら作り上げていく楽しさ、見えなかったものが見えてくる楽しさは私の自分づくりの大きなエネルギーとなりました。社会学級での学びが私の社会参加を説得力あるものにしてくれたことは確かなようです。

宗片さんが社会学級に出会ったのは、カルチャーセンターがまだそれほど普及していなかった一九八〇年で、[5] 大学に進学する女性も一〇人に一人ほどで、きわめて少なかった。多くの女性たちは、学びたいという強い意志を持っていてもかなわず、しかも、結婚し、子どもを産んだ後も働き続けられる環境はなく、結局は家庭のなかで「嫁」役割、主婦役割、母役割を担いつつ、子育てが一段落すればせいぜいパートで働くという生き方をよぎなくされていた。

そのようななか、家庭でも地域でも固定的な性別役割意識が根強く、息苦しさを感じていた女性たちにとって、社会学級は大きな解放感と充実感をもたらすオアシスの場となったことは想像に難くない。しかも、社会学級での学びの内容は、妻・母という性役割からではなく、一人の人間として社会や地域を見ることの重要性を教えるものが女性の目を開かせるものだった。また、社会学級は、同じ境遇にいる仲間たちと出会い、自分の悩みは自分だけのものではないこと、自分の悩みは社会のあり方に起因することなのだということに気づかせる学びの場であり、さらに、社会学級は自主企画・自主運営で、企画や運営に携わるなかで、思っていることを実現するための実践的なノウハウとスキルを身につけることができるエンパワメントの場だった。

東北発「生活記録運動」に根ざす学びの意味

東北には、戦前から生活記録運動という「社会教育」の伝統がある。これは、農村や工場で働く青年や家庭の主婦たちが、自身の生活の現実を書きしるし、読み合い、話しあうサークル運動で、その源流は、大正から昭和の初めにかけて小学校の教師たちが子どもたちに生活の現実を見つめ、表現させた綴方（つづりかた）教育にあると言われている。

この運動は戦後、無着成恭（むちゃくせいきょう）の「山びこ学校」や国分一太郎（こくぶんいちたろう）の「新しい綴方教室」などに継承され、生活記録運動として一九五〇年代に盛んになり、全国各地に広がっていった。鶴見和子はこの生活記録運動を「歴史を作る国民が、国民の歴史を書き、書くことを通して自分たちをつくりかえていく運動」と述べた(6)。つまり生活記録運動とは、自分の生活や経験を自分自身の言葉で書くことによって、社会認識を深め、自己の内面を変革していく自己教育運動だった。仙台市の社会学級の学びあいの実践のなかには、こうした生活記録運動と共通する自己教育運動の側面があったといえよう(7)。

積極的な行政の姿勢――市民協働の先駆的モデル

社会学級で学び、エンパワメントしていった女性は宗片さんだけではない。今日の仙台の市民グループのリーダーとなっている多くの女性がこのようにして育っていった。

宗片さんは当時を振り返り、仙台市の社会学級がこのように女性のエンパワメントと女性リーダーの養成に大きな力を発揮したのは、当時の行政が人材育成に力を入れていたことが大きく影響していると指摘している。

当時、今の奥山恵美子市長やせんだい男女共同参画財団理事長の木須八重子氏など、女性問題に意識的な女性職員が社会教育の担当職員で、市民と市民活動の支援に積極的に取り組んでいたとの話は当時を知る女性たちから聞かれる。上からの押し付けではなく、市民の潜在的な力を引き出し、その力を発揮できる場を創出し、提供した当時の行政の姿勢と施策推進のあり方は、市民協働の先駆的モデルと位置づけられる。

注

（1）学校施設開放は、学校教育に支障のない範囲で幼児、児童、生徒その他一般市民に開放する取り組みのことで、今日では学校の校庭やスポーツ施設、空き教室などを開放することが一般的である。運営は学区内の町内会や父母教師会などの団体の代表者と、学校関係者からなる運営委員会が行なっている。

（2）岩崎久美子・中野洋恵『私らしい生き方を求めて――女性と生涯学習』（玉川大学出版部、二〇〇二年）。なお、関連して、国立市公民館市民大学セミナーのなみなみならない記録『主婦とおんな』未来社、一九七三年を参照。

（3）『河北新報』一九五一年一二月九日。

（4）宮城県・みやぎの女性史研究会編著『みやぎの女性史』河北新報社、一九九九年。なお、現在、仙台市教育委員会のホームページには、「社会学級って何？」「仙台市の社会学級制度」「学習・運営方法は？」「学習内容は？」「仙台市社会学級研究会」の説明が掲載されている。http://www.city.sendai.jp/kyouiku/syougaku/adult/syakaigakkyu.html（二〇一五年一一月四日閲覧）

（5）カルチャーセンターは、社会人のための社会教育の機会を提供する民間の教養講座である。日本初のカルチャーセンターは、東京・大手町の産経会館で産経新聞社の協力で開講した「産経学園」（一九五五年）といわれており、以降、三宮・神戸新聞会館に神戸新聞文化センター（一九五七年）、東京・西新宿の住友ビル内に朝日カルチャーセンター（一九七四年）、東京・青山のツインビルにＮＨＫ文化センター（一九七八年）、千葉・船橋のショッピングセンターに読売・日本テレビ文化センター（一九八一年）などが相次いで開設され、一九八〇年代以降本格的なカルチャーセンター時代が到来した。

「カルチャーセンター」という言葉は、一九七四年の朝日カルチャーセンターの開設の際に初めて使用されたといわれている。こうした大規模なカルチャーセンターは、大学教授や評判の高い専門家などが講師となって、教養、外国語、美術、音楽、ダンスやヨーガなどのエクササイズ、さらには世間で評判の話題もいち早く取り入れたテーマなど、時代のニーズに対応して、多様なカリキュラムを用意している。国公私立大学・短大の公開講座やオープンカレッジ、エクステンションセンターなどでも多岐にわたる内容で講座が開講され、多様な学習ニーズに応えている。

一方、公民館や婦人会館などの公共施設での社会教育は、民間のカルチャーセンターと重なっている内容の講座は、カルチャーセンターの発展のなかで受講生の減少を招き、縮小・閉鎖に追い込まれるケースがある。しかし、社会・地域・環境・生活など能動的な社会人・市民として必要なシティズンシップ教育の意味合いを持った講座は、民間カルチャーセンターでは弱い部分で、公的な施設で開催されているケースが多い。とは言え、このようなテーマは受講生がそれほど集まらないため、いわゆる「事業仕分け」の対象となって削減・縮小の傾向にある。こうして、地域・政治などの教育機会が社会教育から失われつつあることを、鎌田さんは婦人会と婦人会館の今後の課題として指摘している。

（6）鶴見和子『生活記録運動のなかで』未来社、一九六三年。北河賢三『戦後史のなかの生活記録運動――東北農村の青年・女性たち』岩波書店、二〇一四年、大門正克「いのちを守る農村婦人運動」大門正克、岡田知弘他編『「生存」の東北史――歴史から問う3・11』大月書店、二〇一三年も参照。

（7） 当時の仙台市の社会学級の状況については、仙台市教育委員会・仙台市社会学級研究会『一九九五年度　仙台市社会学級研究会記録』一九九六年、参照。

第3章

助産師という専門職を通して得た力とネットワーク

語り手……やはたえつこさん

一九五二年（昭和二七年）生まれ、看護師・助産師、特定非営利活動法人ハーティ仙台代表理事

ハーティ仙台・代表理事のやはたえつこさんの力の源は、助産師として培った性と生殖に関する卓越したセンスとフェミニズムとの出会い、そして専門領域のキーパーソン女性たちとの出会いだった。

1　女性も働くのが当たり前の環境で――「看護婦」って、かっこいい！

やはたさんは石巻出身、一九五二年生まれの、団塊の世代直後の世代である。やはたさんの身近にいた女性たちは、祖母、母、叔母など皆仕事をもつ女性だったから、やはたさんも高校を卒業したら働くのは当然だと思っていた。

親族はやはたさんに公務員になることを勧めたが、やはたさんが高校を卒業する年には市役所の職員の募集が

なかったので、たまたま入院して若い看護師が働く姿を見て、看護師（当時は看護婦）になることに決めた。町の病院で准看のガールズが、夜間急患を仕切り、周囲の人たちがそれに従う姿はかっこよく、それでいて帰りには当時流行のミニスカートを身に着けた普通のガールズで、これなら自分にもできるのではないかと思ったそうだ。

両親は、祖母が浪費で店を潰して家からいなくなっていたので、借金返しをして苦労していた。だから彼女は、看護学校は奨学金も出るから親に迷惑をかけないですむと思い、看護学校に進学することにした。看護師になるといったら、バーを経営していた叔母には「結婚が遠くなる」と言われた。叔母はやはたさんには自分とは反対の道を歩んで欲しかったのかもしれない。やはたさんの意思に親は反対しなかった。

病院で「助産婦」と出会う

病院（石巻赤十字病院）で働くなかで、やはたさんは看護師という仕事のなんたるかを会得する。看護師というのは、白衣を着て注射をするのが仕事だと思っていたが、排泄物も観察すべき大事な指標だし、切断された足だって看護学生は三日もすると清拭できることを体験するうちに、人間の身体に対する捉え方が変わり、看護師の仕事の面白さがわかってきたのだ。

やはたさんが看護師免許をとった頃は第二次ベビーブームの一九七〇年代初頭で、出産は頻繁にあった。彼女が勤務する病院では助産師（当時は助産婦）には並々ならないパワーがあって、看護学生はおそれをなして産婦人科小児科での勤務を希望する者は少なかった。

しかし、言うべきことはきちんと言い、バリバリ働く助産師に対して、波長が合ったとでもいうのだろうか、やはたさんは好意を感じた。さらに、生命が生まれるところの看護に魅力を感じて、やはたさんは産婦人科小児科を希望し、そこで働くことになった。

助産師学校で学ぶ

産婦人科で働くようになると、やはたさんは助産師の学校に行くように強く勧められた。給料をもらって一年間勉強できて資格が取れると言われて、東京の日本赤十字武蔵野女子短期大学専攻科の一五人くらいの少数精鋭の助産師学校で学ぶことになった。

高校卒業後三年間看護師の勉強をし、その後一年看護師として働いた後の助産師学校入学だったから、二二歳になっていた。この学校には、豊島豊子という、助産師の歴史では有名な先生がいて、独特の教育方針を持っていた。

入学するやいなや彼女に「ここは助産師学校ではない、母性看護の専攻科だ」と言われた。やはたさんの担任になった加藤尚美先生（現・湘南医療大学看護学科学科長）も豊島豊子先生と同じ考えをもっていて、資格取得よりも大切なのは、これからの母性看護はどうあるべきか、なにをめざすべきなのかを考えることだと言われたそうだ。このような教育方針の下で、多様な生活背景を抱えた女性の患者に対して、看護師ではできないが助産師だからかかわれることがあることを教えられる。当時のことをやはたさんは次のように語っている。

脳外科の患者の中年女性や整形病棟の一〇代の女性患者を受け持たされ、多様な困難を抱え、さまざまな側面をもつ女性たちに、助産師としてどのようなかかわりをしたらよいかということを実践的に学びました。

助産師というのは、妊娠の診断や赤ちゃんのことだけではなくて、女性の身体にずっとかかわるわけで、そのことを教育されたのだと思います。この学校の教育のスタンスが、母性看護を究めたいという学生も受け入れていたので、助産師・保健師の免許を持っているのに、学びなおしたいといって入っていた人もいて、とても面白い学校だと思いました。この学校でもその後国家試験に落ちる学生が出たことから、その後は教育方針も変化したようですが…。

今私がやっていることは、思春期の女性から子育て期の女性、妊婦、更年期の女性、元気な老後を生きるために考えている女性までかかわっているわけで、女性の生涯にかかわるということを学んだのがこの助産師学校だったと思っています。

要するにやはたさんは、まだリプロダクティブ・ヘルス/ライツという言葉がなかった当時、助産師学校でリプロダクティブ・ヘルス/ライツのなかの最も大切な部分を学んだわけだ。

フリーの保健指導者として働く

こうしてやはたさんは助産師学校で一年間、全国から集まってきた人たちと勉強し、助産師の免許をとって、石巻に戻ってきた。しかしその頃から次第に出産は減少傾向をたどる。総合病院でも出産が前ほど多くはなくなり、代わりに小児科の重要性が大きくなり、そこで彼女はいわゆる中間管理職になるのだが、中間管理職になるとすごく忙しくなり、なかなか自分の思いどおりの仕事ができなくなった。

そこで結局一〇年働いた病院を退職し、仙台に移り住み、フリーランスになっていろいろなことをするようになった。

仙台に来て最初に手掛けたのは、母乳育児相談や出産準備クラスでした。すると、病院にいる者が出産や育児についてわかった顔をしているのは間違いだということがわかりました。病院の側のやり方を変えるには、病院のなかのヒエラルキーの下にいる人間がなにかを言っても変わりません。総合病院だと看護師と医師はわりと対等にものが言えますが、多くの病院はまだ看護は医師の下働きにすぎません。

助産師の働きの独立性は過去にありましたが、昔ながらの助産師は科学性が不足し、独立性は消えかけていました。これから他の病院に戻っても私は「下にいる人間」です。病院のなかを変えるには医療消費者の側にいて、意見を言っていった方が医療現場は変わるのではないかと思うようになりました。

このことに気づかされたのは、『子連れママのお出かけマップ』（第2部第4章　伊藤仟佐子さんの話を参照）です。この冊子の「病院を利用する私たちが病院を選ぶ」というスタンスを見て、このほうが自由に意見を言えるし、病院を変えていくのはお金を出す医療消費者だと思うようになりました。

自営して気がついたことは、病院にいるときは、給料は事務から振り込まれ、患者さんが払っているという考えはありませんでした。患者さんは白衣を着ているから私たちに頭を下げてくれますが、病院を辞めて独立すると、私は一人です。相談に来る相手が私のお客さんです。

初めの頃、指導で話をしてもりんごを置いて帰っていく人がいたのですが、私は何も言えませんでした。でも、だんだんに「支払ってください」と言えるようになりました。保健指導をすることに対して、仕事として自信を持つには多少時間がかかりました。隣県に赴き、ホテルに泊まりじっくり付き合って指導してほしいという人もいました。しかし、病院のなかにいるスタッフは何時間も相談者に付きあうことはできません。

そこで私はそのようなニーズをもった人に応えようと思いました。病院の医療のなかだけではできないことがある。女性に寄り添うとか、相談に応えるとか、保健指導の価値にお金を払う人がいることがわかり、これは目からうろこでした。

仙台の女性たちとの出会い

女性の立場から保健指導の仕事をしていると、次第に、性教育をやってみないかとか、更年期の女性のことについて講演しないかとか、いろいろな仕事が入ってくるようになりました。私の話は医師の話とは違い、自分が女としてつかんだこと、実際にみんなが悩んでいることをもとに話すので、聞いている人たちにはわかりやすく面白いのだと思います。

こうしたなかで、当時内科医師だった鈴木道子さん（現・山形県立米沢栄養大学学長）や仙台市の職員だった木須八重子さん（現在、公益財団法人せんだい男女共同参画財団理事長）をとおしてフェミニズムとの出会いがありました。鈴木道子さんの紹介で利用するようになった共同保育園は、建物は古いのだけれどそこの保母（保育士）はフェミニストで、もともと自分たちの活動のなかで保育園をやっていた人たちでした。

そこで河野貴代美（かわのきよみ）さんのワークに参加し、このような考え方があるのだと知りました。で、鈴木道子さんに「フェミニズムって何ですか」と聞いたら、「男女平等ということよ」と言われて、それですとんと落ちたんです。

木須さんからも、シェルター見学に行ってみたらとか、性教育の勉強に東京へ行かないかとか、学ぶ機会を与えられて、女性たちの力にひきつけられていきました。

女性のための離婚ホットラインに参加

一九八九年、彼女は弁護士の小島妙子さんからの誘いで「女性のための離婚ホットライン」の発足から活動に携わることになる。

「女性のための離婚ホットライン」は、弁護士など専門家による離婚をめぐる電話相談・面接相談の活動で、弁護士を中心に保健師、助産師、公務員、自営業者、会社員、主婦などからなるメンバーが、時々会って活動するという非常に緩やかな集まりだったが、これが彼女自身のその後の人生を決定づけることになった（『パンジー』公益財団法人せんだい男女共同参画財団発行、二〇一四年四月号参照）。

彼女は、日本赤十字武蔵野女子短期大学から帰ってきて、二三歳で結婚し、子どもを産んだ。しかし労音（全国勤労者音楽協議会の略。労働者自らが音楽鑑賞や歌うことを楽しむために設立された）の活動で知りあった彼は、「ギターや歌が上手だが仕事は不安定で、つきあっているときから厄介を起こす人」だった。そんな彼の態度は子どもができてもまったく変わらなかった。当時彼女は離婚に関する知識は皆無だった。当時のことを彼女は次のように話してくれた。

そんなとき、彼に東京でデビューしないかというような話が来て、子どもはお前に渡すといったので、親権がくるなら離婚しよう、借金払いもうんざりだわと思い、子どもが五カ月のときに離婚したのです。で、ほっとして実家のそばに引っ越し、子どもは個人に預けて働いていました。ところがデビューの話がなくなって、彼がしょっちゅう私のところに来るようになりました。夜まで来るようになったので、拒否したら怒って、ふすまを壊したり、暴力をふるって私にあざをつくり、子どもを連れて行ってしまったのです。翌日警察に行ったのですが、警察は「見回りを多くしましょう」と言うだけ。警察ってその程度なのかとがっかりしました。

ちょうどその頃に宮城県沖地震があって、病院では子どもや未熟児を看ているのに、わが子には会うこともできませんでした。電話で安否を確認するくらいしかできず、悲しかったです。でも友人が子どもを取り返してくれました。その後九年半ほど母子家庭をしました。

そのときは母子家庭を言い表すのに「欠損家庭」という言葉しかありませんでした。それでも私、夜勤婦長では急患にも対応するし、年末年始の当直もやるし、仕事が自由にできて充実していました。

その後彼女は仙台に移り住んで再婚をし、二人目の子どもを産んだ。その頃出会ったのが仙台のフェミニストの女性たちであり、「女性のための離婚ホットライン」だった。彼女の話を続けよう。

離婚届を出しに戸籍課に行ったとき、そこでは児童扶養手当のことを教えてくれませんでした。児童扶養手当のことは離婚して二カ月位してから友人に教わりました。離婚について窓口もちゃんと教えてくれないのだという思いがありました。離婚をめぐる法律も知らず、元夫とのいざこざもどう考えていいかわからずにいたのです。

ところが「離婚ホットライン」に誘われて勉強を始めたら、ほんとにびっくりしました。私が体験したことにはすべて「正解」がありました。

娘を連れて行ったのは誘拐、私の家に入ってきたのは住居侵入、私にあざができたので暴行傷害、ふすまを壊したのは器物損壊と、説明のつくことだったのです。

私が警察に行ったとき、警察は逮捕しましょうと言えばよかったじゃないか、と思いました。養育費請求もあったし、調停というのもあったけれど、私は利用することを知らなかった。あらゆる手続きを一人でし、疲れ果てていたので、元夫の苗字のままにしましたが、それも後に後悔しました。

離婚をめぐる法律知識は、医療のなかにいても、学校教育のなかでも、誰も教えてくれなかったし、弁護士、警察をどう利用するかも教えてくれませんでした。その頃、久田恵の『正しい母子家庭のやり方』(酒井和子共著、一九八五年、ＪＩＣＣ出版局)という本が出て、それを読んだら「目からうろこ」、「欠損家庭」なんていわれる筋合いはない、胸をはっていていいとわかりました。

また、弁護士に会い、セクハラ裁判とかＤＶ裁判を支援するなかで、プロを入れてちゃんと権利を主張しないと、行政の窓口も警察も何も教えてくれないということもわかりました。行政は、なるべく母子寮に入らないように、なるべく公的保護に入れないように、税金はあまり使わないようにする傾向がある。放置すると後でもっと大変なことになり、もっと税金を使うことになるのに、目の前の支出を減らすことが責務だと考えている人が多いのです。活動を通して、これはおかしいと思うようになりました。

というわけで彼女は、「離婚ホットライン」の中心メンバーとしてかかわるようになり、今も継続して活動している。

2　ＤＶ被害者支援の活動から被災者支援へ

ＤＶ被害と離婚を話し合う「しんこきゅうタイム」スタート

離婚に至る経過には多かれ少なかれＤＶが関係していることから、「女性のための離婚ホットライン」と並行して彼女はＤＶ被害女性支援にも関わるようになった。やはたさんはＤＶと離婚についてグループで話し合う「しんこきゅうタイム」を一九九二年にスタートさせ、今日まで二〇年以上にわたって息長く活動している。

一九九八年にはシェルターの運営を開始し、翌九九年、「ハーティ仙台」を設立した。これらの活動は仙台を超えて広がり、東日本大震災が起こった二〇一一年には話し合いの場を「パープルタイム」と名づけ、登米市と連携して開催、二〇一三年度からは宮城県と連携して県内各地で語りあいの場「パープルタイム」と連続講座を開催するようになった。

とくに津波被災地では、被災後も深刻なＤＶ事件が多発している。被災地でのＤＶの現実に詳しいやはたさんは、震災がＤＶを増加させたというより、震災以前からあったＤＶが震災の影響で、より激化・深刻化しているのではないかと語る。だから彼女のＤＶをめぐる取り組みは被災女性支援と密接に結びついている。

ＤＶに関してだけではないが、震災を契機にたくさんの女性たちが被災女性支援に被災地に入った。そのことで、これまで自分の身に起こっている理不尽なことを、仕方のないことだとじっと耐えてきた女性たちが声を上げる力とすべを身につけた。被災後、全国の女性たちとの交流のなかで、被災地の女性のエンパワメントは確実に進んでいる。

全国女性シェルターネット・シンポの開催とみやぎジョネットの立ち上げ

つながりは全国にも広がり、やはたさんは、一九九八年に結成された民間の草の根のＤＶ被害者のサポート組織である「全国女性シェルターネット」にも関わっている。

年一度開催する全国女性シェルター・シンポジウムを二〇一一年に仙台で開催することになり、準備をしていたところに東日本大震災が発生した。自らも被災しつつ、彼女はまさに寝食を惜しみながら被災者支援に取り組むなかで、秋にシェルター・シンポジウムを開催した。

その準備に追われるかたわら、彼女は被災女性支援のために「みやぎジョネット」を立ち上げ、被災地と全国の女性たちとをつなぐ活動に取り組んだ。その経過は『女たちが動く』に詳細が報告されている。

それ以降、彼女の活動は全国に広がり、今日では、被災女性とＤＶ・性暴力をテーマに全国各地で情報発信を続けている。

3 「人は変わる」、それが力

少年院・女性刑務所での出会い

「やはたさんの力の源は何か」と話を聞いた最後に、彼女が語ってくれたことがある。少年院、女性刑務所での女性たちとの出会いである。

私は一三年ほど、月二回二時間ずつ、女子少年院の教育にかかわっています。

一度だけですが、女性の刑務所で、女性の受刑者五〇〇人くらいにも話をしたことがあります。この人たちには、作業はあるけれど教育はあまりありません。しかし、このようなところにいる女性たちは虐待のなかにいた人たちで、自分を守る方法になにもアクセスできなかった人たちなのです。

一〇代のうちに少年院に来たのは、前科にならないから良いことです。少年院の子達は、明らかに変わります。もちろん出た後のケアが重要で、有効な保護司につながるとよいのですが、日本ではボランティアのような手当で、篤志の方が中心で行なっている。そこがアメリカと違うところです。養護施設や少年院の子どもたちをみると、家庭や地域で孤立し問題を抱えている子どもたちを早く救い出し、ちゃんとした教育をしないとだめだということがよくわかります。

では一般の学校の子どもたちはどうかというと、同じことが言えます。小学校のうちはまだ目立ちませんが、中学では問題ある家庭環境の子の、SOSの行動が顕著になります。中学校のときにいい子をしていた子も、高校に行ったら摂食障害など、裕福な家庭の子がびっくりするような事件を起こす子が出てきます。偏差値なんて関係ありません。

石巻のDV殺人事件（二〇一〇年二月、一〇代の少年がつきあっていた女の子の姉と友人の二人を殺害）の子も、早く少年院に行っていれば死刑判決なんてならず、今頃は自立できていたのにと思います。あの子は母親の肋骨を折って鑑別所に入り、保護観察中と聞きました。暴行傷害などの軽い罪で逮捕してあげれば、殺人なんて起こさずにすんだのにと思います。

被害者の女の子も、一二回も警察に相談に行っていたのです。当時の仙台の警察だったら、別れ際は危ないのですぐ鍵を変えなさい、ドアのチェーンを忘れないように、今日は友達のところに泊まりなさいと当たり前に指導している。けれどそのような指導が不足だったと思います。とうとう殺人事件が起きてしまった。軽い犯罪のうちに止められなかった社会にも責任があると私は考えます。

ほとんどの性暴力やデートＤＶの教育では、こういうことは暴力です、相談しましょう。そういうことをしないようにしましょう、ということで終わっている。でも大事なことが抜けていると私は思う。そんなことを言っても防げないことが一杯ある。性暴力は身近な人からが七〜八割だし、警察に言うのは一〜三割です。言えずにいると、その悲しみや怒りが内在化し、それが学校のいじめや薬物依存、犯罪を行なうきっかけにもなる。また精神疾患を引き起こしている。結果として、凶悪な犯罪や、一見動機がわかりにくい犯罪につながっている。

弱者を攻撃する人々は、心が傷つき手当てがなかった人々。深いコンプレックスを持つ人が、ヘイト発言したり、差別行動をしている。問題行動はどこから来ているのかといったら、生育過程で人権が侵害されていたためなのだと思います。だからと言って、差別や犯罪が許されることではありません。

人権が侵害されたときの対処方法を教えずに放置した結果、さまざまな問題が起きています。少年院や刑務所に来ることになったのは、ある意味でそのような人々をここまで放置した社会にも責任がある。そうした人たちを教育することが社会の償いでもある。少年院は罰するところではなく、養育するところです。だから胸張って健康な食事をして資格をとって学んでほしいと私は少年院で話します。

男子少年院にいる子どもたちに、「自分がルール違反（ＤＶ）をしたのでどうしたらいいか」という質問を受けたことがあります。それに対する私の回答は、「ルールに沿って、プロを入れて謝罪と弁償をしなさい」です。「近づくな、反省しなさい、そのことを間接的に被害者に伝えなさい」。これが回答です。本当は少年院や刑務所に来る前に、非暴力的解決の情報にアクセスできるべきだし、そのことを教育課程で教えるべきです。自分の人権が侵害されたときには、自分の力が弱くても、プロを入れて闘う、プロは税金で雇える。警察だって医師だって弁護士だってお金がなくても何とかなると学ぶことが大事です。

　私は、幼稚園児でも小学生でも自分の人権が侵害されているときに、誰を味方にしてどう闘うかということを教わるべきだと思っています。私が女性の受刑者や少年院の子どもたちに話すことは、小学生や大学生に話すことと同じことです。この原則を、パンフレットや紙芝居で、シンプルに話します。伝わっていると思います。


人間への深い信頼と、最底辺に生きる女性への粘り強い支援。ここに彼女の強くて優しい力の源泉を見たような気がした。

人は変わる。それが元気の源

それにしても、女性支援に携わっていると、どう話してもわかってもらえない人もいる。そんな時はどうするのか。彼女はこう付け加えた。

　三一年もこうした活動をしていると、わかってくれる人とそうでない人がいます。私はわからない人は相手にせず、わかってくれる人を増やしていくことに情熱を注ぐことにしています。私はあまり困ったことがありません。ポジティブシンキングなんです。

仙台市が性教育バッシング派の首長だったときも、性暴力防止のパンフレットは発行され配布され続けました。それは行政のなかにもわかってくれる人がたくさんいたからだと思います。正面切った運動の他に、わかる人を増やしていく活動が重要なんだと思います。

私は震災をきっかけに、全国に出かけることが多くなって、それも私の役割という時期なのかなと思っています。疲れるけれどそれをやらないと取り組みは広がりません。そこで今は、県内においてハーティ仙台の仲間たちにさまざまな講演活動をやってもらっています。ハーティ仙台には一五〇人くらいの会員がいますが、実働は二〇~三〇人です。この人たちを「特訓」して講演に行ってもらっています。

後継者は年が下とは限らず、六〇代の人もいます。仕事をしているとなかなか自由に動けませんが、退職するとけっこう動けるようになります。だから仕事をもっている仲間が退職するのを待っています。DVのサバイバー（乗り越えた人）が半分以上です。サバイバーが地方に行くとものすごく反応があります。話をした当人も聴取者の変化に、嬉しいと言い、パワーアップしています。

被災地の活動では、今年（二〇一四年）は行政側より希望があり、サバイバースピーチの機会を多くしました。みんなに力があり、光り輝いて才能を発揮しています。

ただし、女の人は、トップになるとか、活動を広げるときに、すごく怖がる人が少なくありません。トップになると風当たりが強いし、何かあったときに責任をとらなければなりませんから当然です。しかし、女性は小さいときからトップとしてのトレーニングを受けていないから余計に怖がるのですね。でもやればできるのです。私も助成金の申請文書に慣れていないから、はじめは書けなかった。しかし、必要に迫られてやるうちに書けるようになりました。人は変わります。人が変わるのを見ることは力になります。それが体験から確信を持って言えることです。これが私の活動の源でしょうか。

助産師としての専門的な知識とスキルは、女性の人権と尊厳を守り、自分の人生の主人公になるためには不可欠であるが、それだけでは女性の人権、尊厳、自由は実現できない。性と生殖をめぐる困難に直面した女性には、性と生殖に関する専門的な知識とスキルにあわせ、法律、行政など、さまざまな専門的な知識とスキルが必要である。しかし多様な専門領域のすべてを一人でカバーすることは不可能だ。

だとするなら、困難に直面した女性が、必要なときに、必要な専門家と出会うことのできるしくみが必要である。しかもその専門家は女性に対する思いを共有していることが不可欠である。こうしたことを、やはたさんは自身の体験のなかで学び、多様な領域の専門家と出会い、その根底にあるフェミニズムと出会うなかで学んだ。やはたさんはその学びの成果を行動を通じて実践し続けた。彼女の力の源泉は困難を抱えた女性に寄り添う熱い思いと、その思いを共有する女性たちとのネットワークだといえる。このようなネットワークは、困難を抱えた女性に対して有効な支援をするうえでも必要である。

近年、要介護者への支援として、行政、医療、介護などの関連諸機関が一堂に会してケースカンファレンスを定期的に開催したり、貧困を抱えた人たちや性被害者への相談・支援のためのワンストップ・センターが設立され、着実に成果をあげつつある。離婚・DVで困難を抱えた女性に対する同様の先駆的な形をやはたさんは作り続けた。

やはたさんは止まらない。いまも女性たちをつなぐしくみづくりの中心にいて、活動を続けている。

第4章

仙台の子育て支援が出発点——いま歩みを止めるわけにはいかない

語り手……伊藤仟佐子(ちさこ)さん

一九五五年（昭和三〇年）生まれ、仙台市子育てふれあいプラザのびすく仙台館長・特定非営利活動法人せんだいファミリーサポート・ネットワーク代表理事

せんだいファミリーサポート・ネットワーク代表理事の伊藤仟佐子さんは、子育て真っ最中に転勤族の専業主婦として仙台に移り住み、以後一貫して子育て中の母親の支援に携わってきた。その伊藤さんが館長をしている仙台市の子ども家庭支援施設「仙台市子育てふれあいプラザのびすく仙台」は、東日本大震災後、建物に被害がなかったこともあって、震災四日後には開館し、不安な日々を過ごしていたたくさんの親子を受け入れた。

また、全国から届いた支援物資を被災地に届ける活動をはじめ、こころのケアの支援、福島から避難してきた母子のための「ママともサロン０１２３」の開催やサロン情報通信「Ｆｕｍｉｙａ・ねっと」の発行、子育てファミリーのための地震防災ハンドブック『大切な人を守るために今できること』（二〇一一年九月）の作成など、多彩な支援活動を展開した。

伊藤さんの力の源泉は、同じ子育てで悩む仲間たちと子育て支援グループとの出会いだった。活動の源泉をお聞きしたいというと、彼女は子どもの頃から今日までの歩みを、実に率直かつ克明に語ってくれた。

1　親の背中を見ながら

戦争の影を色濃く残す両親

伊藤仟佐子さんは、一九五五年能登半島（石川県珠洲市）で理容室を経営する父母のもとに、四人きょうだいの三女として生まれた。女の子が三人続いた後、四番目に初めて男の子が生まれると、跡取りが生まれたとまち中が大騒ぎになった様子に伊藤さんの母親は、子どもは男も女も変わらないのに、何で男を産むとみんな奉るんだと言っていたそうだ。その母親のこと、父親のことを伊藤さんは次のように語ってくれた。

母は戦争の真っ只中に青春時代だった人です。三人きょうだいで兄と姉がいたのですが、兄も姉も一〇代で亡くなり、末っ子だった母が家を継がなければならず、婿を取りました。東北も婿取りは多いですが、北陸も多いです。

父は母の姉と婚約していたのですが、戦争に行き、戻ってきたときには姉は亡くなっていて、母は女学校に通っていたのですが、無理やりやめさせられて、父と結婚させられたと聞いています。だから母と父はすごく年が離れていて、母が最初に子どもを産んだのは一六歳でしたが、そのとき父は三〇歳を過ぎていました。

私の記憶のなかでは、母と父の仲はあまりよくありませんでした。母が亡くなってから母の友人から聞いたのですが、母は学校の成績も良く、上の学校に行きたかったのだけれど、親の意向と家を守るためにその夢をあきらめさせられたことがずっと尾を引いていたそうです。

他方父は貧しい農家の出身で、次男坊でした。私の実家から父の実家までは歩いて一五分ほどの隣町にあって、長男が農家の家を継いだのですが、父はしょっちゅう行き来をしていました。父は、その町では神童といわれていたそうですが、家が貧しく戦争もあって、結局尋常小学校しか出ていませんでした。しかし戦争に行って尋常小学校卒としては最高の位までいったと言っていました。

父は私によく戦争の話をしてくれました。軍国青年だったようです。父は昔ながらの男で、婿に入ったことに相当ストレスがあったようです。ですから父は父で、納得して結婚していたわけではなかったようです。こうした事情は子ども心にもすごくよくわかりました。だから私は結婚に対する憧れは子どもの頃からまったくありませんでした。

上の姉は結婚しましたがＤＶ被害にあい、逃げるようにして別れました。下の姉は両親や姉の結婚生活をみていて結婚にまったく関心がなく、いまだに独身です。弟も結婚していません。

私は親として両親は二人とも大好きですが、夫婦としてはよさを感じられませんでした。それが子どもたちにも影響を与えていると思います。両親が納得できない結婚をした背景には戦争があるわけで、戦争の影響というのは、ヒロシマ・ナガサキ・オキナワだけでなく、こうして長く残っていくのかなと思います。

動物好きで畜産学科に入学

高校卒業後、伊藤さんは東京農業大学の農学部畜産学科に入学した。畜産に進んだのは動物好きの父親の影響だったと彼女は言う。今で言う「リケ女」として所属した繁殖学の研究室では、ねずみでの繁殖の研究を二年間行なった。実験のために何百匹も動物を殺すことは最初はとてもつらかったが、そのうちつらさを感じなくなったそうだ。

学年が進むと、卒業後の進路として、大きな動物につくか小さな動物につくかという選択を迫られた。大きな動物を選択すると、農場を経営するか農場に勤めることになるが、それは相当大変だということが実習などでわかっていたので、彼女にその選択はなかった。

他方小動物を選ぶと、今度はどこかの研究室の実験助手が就職先になって、動物を殺す実験をし続けることになるが、それも彼女の方向としてはちょっと違った。そこで結局、どこにも行きたいところがなくて、大学卒業時は就職しなかった。

大学卒業後の人生選択に考えあぐねていた当時のことを、伊藤さんは次のように語ってくれた。


当時、フリーターという言葉はありませんでしたが、就職しない女性は結構いました。教授が紹介してくれれば就職することはありましたが、卒論のために研究室に入るわけで、私の友だちも躍起になって就職するという感じではありませんでした。

それで卒業式の翌日に沖縄に一人で遊びに行きました。三カ月くらいぷらぷらして、戻ってきてしばらくして、ずっと行きたいと思っていたアメリカに行こうと思うようになりました。小学校のときに父と一緒にテレビで視たフロリダの野生動物を保護する施設に行ってみたいという単純な動機なんですが、それでお金を貯めよう、そのために就職しようと思って、それで東京のリサーチ会社に就職しました。そこで二年二カ月働いてお金を貯め、一人でアメリカに行きました。農大だったので向こうの牧場にホームステイのつてがあったので、ミネソタ州のイーグルベントに一カ月ほどいて、その後二カ月ほど放浪して帰ってきました。親にはすべて事後報告でした。私が大学に行くときも、近所の叔母や親戚には、女が四年制の大学に行くなんてどうなのかというようなことを言われましたが、親はあまり言いませんでした。就職についても何も言いませんでした。当時は、うちの親は究極の放任主義で、子どもなんかどうでもいいと思っているのではないかと思いましたが、後に自分が親になって、何も言わないで子どもを見守ることの大変さがわかり、感謝しました。

親は、早く結婚しろとも言いませんでした。母は一六歳で結婚しているので、結婚など早くしないほうがいいと思っていました。でもさすがに三〇歳過ぎても一人でいたら、「そろそろ結婚は」と言われましたけれど。

2　結婚、そして「母子家庭」状態の子育て

結婚退職

けっこう自由奔放に生きていた伊藤さんだが、その後就職し、結婚し、多くの女性が抱えていた問題に直面することになる。

結婚したのは一九八六年、三一歳のときでした。彼とはアメリカに行く前に、お金を貯めようと思って入社した会社で知り合いました。彼は私より四つ年下の学生で、その会社にアルバイトに来ていました。知り

あった後私は一人でアメリカに行き、アメリカから、別れようと手紙をだし、それでおしまいになって五年くらい音信不通でした。その間、彼も大学を卒業して就職して、盛岡で仕事をしていたのですが、たまたま出張で東京にきて、帰りの夜行列車に乗るまでに時間があったので、私の昔の電話番号に電話をしたらたまたまつながって、久しぶりに会うことになりました。そこでまた付きあいが始まり、結婚することになったわけです。

彼は秋田県出身で、姉がいますが長男でした。幼い頃は身体が弱くて「蝶よ花よ」と大切に育てられました。大学受験のときも一人で東京に行けなくて、母親や姉が一緒に行ってあげたというくらい「ぼんぼん」でした。私は彼の女性像から完全にはみ出している人間だったらしくて、相当インパクトがあったようです。で、自分もこのままではいけないと思ったらしくて、私がアメリカに行くと言ったときに、自分も日本一周の旅行に出るといって、旅行をし、いろいろな人と知り合い、大きく考えが変わっていったようです。

そんなわけで結婚することになったのですが、そのとき私は東京で仕事をしていました。彼は盛岡でしたから遠距離恋愛でした。それで結婚するときにどっちが仕事を辞めるかという話になりました。

私はアメリカから帰ってきてもしたいことが見つからず、悶々としていました。あるときふと、高校のときの友人に、私の書いた文章がすごく好きだと言われたことを思い出し、もしかしたらそういう仕事が向いているのかもしれないと思って、二七歳頃のときに高田馬場にある東京ジャーナリスト専門学校の夜間部に入学しました。ルポライター科に一年間通って、取材の仕方などのスキルを身につけました。

ジャーナリスト専門学校の先生たちは、第一線で活躍しているジャーナリストで、冤罪問題、女性の性の問題、障がい者の性の問題などを専門にしていた先生がたまたま私の担当についてくださいました。そこで冤罪の方の証言を聞く会を持って冤罪で闘っている女性の話を聞き、世の中にはこんな不条理なことがあるのかと思い、今まで知らなかった世界が見えてきました。これは私の人生のターニングポイントだったと思います。

講義もよかったですが、講義終了後みんなで飲みに行って、そこでまたいろいろな話をしました。いろいろな人がいたので、大きな影響を受けました。

その頃、たまたま見たコピーライター募集の求人に応募して面接を受けたら合格をして、二八歳のときに小さな広告会社に就職しました。この会社は社長を含め従業員四人の小さな会社だったのですが、その仕事がやっと自分に向いている仕事だと思えるようになりました。コピーライターの世界はマスコミの世界とほとんど変わらず、一見華やかに見えますがすごく地味な仕事です。また、私が行くと、クライアントから「女か、男はいないのか」と言われるような男社会でした。そんななかで私の仕事を認められるためには、期日をしっかり守るとか、男の二倍も三倍も働くとか実績を積まなければならなかったので、自分でもものすごくがんばって仕事をしました。

そんなわけで、私はその仕事を結婚するということで辞めたくはありませんでした。そこで別居結婚しようということで二人は合意していたのですが、どちらの両親もそういう結婚はありえないと大反対でした。とくに向こうの両親は四つも年上のどこの馬の骨かもわからないようなのがのこのこ来てとんでもないことを言うと大反対で、私がごねていると「女が仕事を辞めるのは当たり前だろう」と言われて、結婚の話は進んでいくわ、そういう話は進んでいくわで、私は泣く泣く退職に追い込まれてしまいました。

四歳年下の彼と結婚したのは根負けです。そこが私の弱さかなと思うところです。彼は私と出会って考え方も変わってはきたのですが、東北の長男で、妻はこうあるべき、母はこうあるべきという考えがあって、それが年を追うごとに強くなり、根底のところは変わっていませんでした。

彼としては、結婚したら私は変わってくれるかもしれないという期待があったらしいのですが、彼の期待は裏切られました。子どもができても私は変わりませんでした。

子育て暗黒時代

伊藤さんは、三一歳の五月に仕事を辞め、六月に結婚式を挙げ、盛岡で結婚生活をスタートさせた。翌年三月に彼に転勤命令が出て東京に戻ることになったが、戻ったとき彼女は妊娠五カ月で、仕事を再開できる状況ではなかった。そして一九八七年、埼玉県西川口のマンションで暮らし始め、女の子を産んだ。川口市には子どもが二歳半までいたが、この二年半の子育ては「暗黒の時代」だったと彼女は言う。


夫は、業界紙を作っている出版社で建築関係や道路工事関係の専門書を作っていて、出張は多いし残業はあるしで、バリバリの仕事人間で、ほとんど母子家庭状態でした。私はといえば専業主婦で、公園ではママ友がいてもマンションに帰ってきて、鉄の扉を閉めると密室で、私は完全にノイローゼ状態でした。自分が怒り始めると止められないし、子どもが泣き始めると私のほうが泣きたいといって一緒に泣き始めるし、あのときの私は自分でもいやですね。

マンションの鉄の扉のなかは、牢獄のような感覚でつらかったです。娘の記憶がどこまであるか、私はこわくて聞いたことはないのですが、子どもに「あなたが赤ちゃんのときはお母さん、すごくつらくてね」と話したときに、子どもが「私もお母さんが怒ってばかりいてつらかった」と言ったことがありました。

どこの記憶かわからないですが、一歳半くらいのときにアンパンマンのようなストーリーのある絵本を丸暗記するくらい、特別記憶力のいい子だから、どこまで覚えているか、こわいです。私たちは六階建てのマンションの六階に住んでいたのですが、エレベーターは五階までしかなくて階段で六階に上がるのですが、六階部分には二軒しかなくて、もう一軒は昼間ほとんどいませんでしたから六階のフロアは昼間はうちだけなんです。

それで頭にくると子どもをドアの外に放り出してしまいました。子どもはどこにも行けず泣いています。これは今でいう虐待です。そういうときに誰も子どもを助けてくれない。母親の私のことも助けてくれない。夫が帰ってくるまでそういう状態が続くか、私が何とか気持ちを持ち直してドアを開けるというような状態が続いていました。

3　閉ざされた扉を開いたもの――子育て支援の冊子づくりと仲間たち

転勤で仙台へ

孤立のなかの子育てで苦しみ続けていた伊藤さんがこの状況を脱出するきっかけは、仙台への転居とそこで出会った女性グループだった。伊藤さんはその経過をつい先日のことのように話してくれた。

娘が二歳半のときに、夫の転勤で仙台に来ました。仙台に来て、一戸建てに住んだら、外に出すと子どもは自由に動き回ります。

あるとき、いつものように怒って子どもを外に出したら、子どもの声が聞こえなくなりました。いろいろなことが頭をよぎり、さすがに不安になって探しに行ったのですが、いくら探し回っても子どもがいない。これはとんでもないことをしたと思い、警察に行かなければと思って家に戻って来ると、隣の家からうちの子どもの笑い声が聞こえてきました。隣のおばあちゃんが助けてくれていたんです。

おばあちゃんにすれば、転居してきて、毎日毎日子どもを怒鳴る声がして、かわいそうだなと思っていたのでしょうが、知らない人の家に入るわけには行かなかったのでしょう。そんな隣のおばあちゃんがうちの子どもを家にあげて、遊んでくれておやつを食べさせてくれていた。そのとき、助けてもらうってこんなにうれしいことなんだって感じました。おばあちゃんは私の子どもを助けたと思っていたかもしれませんが、私にとっては私が助けられたと思いました。

それがきっかけでそのおばあちゃんと行き来するようになりました。おばあちゃんは自分の孫もみていました。私はその後も相変わらずヒステリックに子どもを怒鳴っていたのですが、前のように閉ざされたなかでの子育てではなく、私が怒鳴っているのは隣にも聞こえているし、放り出すとおばあちゃんのところに行ってしまうから放り出すことはやめるようになりました。助けてもらうという関係性をそこで作ることができて、ちょっと風穴が開いたという感じでした。

『子連れママの気晴らしマップ』との出会い

じつは私は、この子を自分のそばに置いておいたらろくなことはないと思って、仙台に来てからすぐに働こうと思っていました。そこで子どもを保育所に入れたいと思って、保育課に相談に行ったら、「あなたは生活に困っているのか」と言われて、「生活に困っているわけではないけれど働きたい」と言ったら、「それはあなたのわがままでしかない、子どもは母親が育てるのが一番なのだから、わがまま言わずに帰りなさい」と、門前払いみたいな形で言われました。

当時は保育所というのは生活に困った人が働くために子どもを預けるところだという考えがあって、夫が稼いできたお金で専業主婦するのが何が不服なんだという世相でした。私の両親は能登半島、夫の両親は秋田で、誰も子どもを見てくれる人はいない、友だちもいなかったので、来年になったら幼稚園に入れるしかないと保育所の利用をあきらめました。

仙台に来て、知り合いはいなかったのですが、夫の友だちのパートナーから、仙台には『子連れママの気晴らしマップ』という情報誌があることを聞きました。さっそく本屋に行って探したのですが、なかったので注文し、五号と六号を送ってもらい、それを見ながら子どもを連れて仙台の街を歩きました。この情報誌のおかげで、あっという間に街の中は自由に歩けるようになりました。また、育児グループがどこで活動しているか、病院はどこにあるか、幼稚園事情もわかって、この情報誌はほんとに自分にとって最高の本でした。

そこで翌年、子どもが幼稚園に入ったので何かしたいと思ったときに、こういった情報誌を自分でも作れたらどんなに楽しいだろうと思って、当時の編集長に手紙を書きました。するとすぐに返事が来て、この情報誌はお母さんたちがボランティアで作っているので、ぜひ手伝ってほしいという手紙をいただきました。

それで一回目の編集会議がエル・パーク仙台であるということで、出てみました。ただ、子どもが幼稚園に行ったら自由な時間がいっぱいあるのかと思っていたら、すぐに幼稚園から帰ってくるんですね。それで途中で会議を抜けたりはしたのですが、今までの単調な生活が一変し、水を得た魚のような感じでした。

うちの娘はほんとに元気な子で、朝起きたら起きた瞬間からしゃべり始めるんです。しゃべらないのは寝ているときだけ、子どもが寝ているときだけが私の時間でした。だから子どもが幼稚園に入る前は、子どもを寝かすために私の全時間を費やすという感じで、朝起きてご飯食べさせて、公園に連れて行って目いっぱい遊ばせて、帰ってきて昼ごはん食べさせて、お昼寝をさせて、と言っても一時間か三〇分くらいなのですが、で、起きたらおやつを食べさせて、また外へ行って公園で遊ばせて暗くなるまで遊んで、夕飯食べさせてお風呂に入れて寝かせるという生活の繰り返しでした。

どこかへ行くといったら近所のスーパーとかデパートの子ども服売り場を見て、バカみたいに買い物をするというのがストレスの発散でした。そんな単純な生活を繰り返していたので、編集会議にでて、話したり意見を求められたりするのがすごく新鮮でうれしく感じました。

それからというもの、テレビを見ても、新聞を読んでもなにかネタはないかといった気持ちで見るものだから、それが楽しくて、情報誌の編集の活動にのめりこんでいきました。

だから『子連れママの気晴らしマップ』を作ることは、お母さんたちのための情報誌で、子育て支援と言われますが、作っている本人たちは支援などという気持ちは少しもなくて、自分がほしい情報だったり、自分がやりたいことをやっているだけなんです。それがたまたまお母さんたちの役に立って、ありがとうと言われるだけで、私たちはありがとうと言われるためにやっているのではまったくありませんでした。

『子連れママの気晴らしマップ』の作り手になる

『子連れママの気晴らしマップ』一号は一九八五年に五〇〇部発行されました。その頃私はまだ仙台にはいませんでした。初代の編集長は小林寿美子さんで、彼女の夫は当時大学の助教授で、夫がアメリカに留学されていたことからアメリカでの子育ての経験がある人でした。アメリカではベビーシッターが当たり前だったり、女性だからといって子育てに専念しなければいけないという文化がまったくなかったのに、仙台に戻ってくると子どもを預けることは悪だと言われるようなことがあり、アメリカとの違いに驚いたそうです。小林さんはそれに疑問を抱き、当時市民センターで開かれた女性対象の講座で、受講生たちが仙台の女性が子どもを預けることについてどのような意識をもっているのかを調査したり、子どもを預かる施設を調べたりして、講座の集大成として一冊にまとめたのがこの冊子なのだそうです。

この冊子はお金を出しあって作って、お母さんたちが手売りのような形で売り、クチコミでうわさが広まって、五〇〇部はあっという間に完売したそうです。彼女たちにとっては自分たちの講座の集大成として出したものなので二号を出すつもりはなかったのですが、読んだ人たちが二号が読みたい、編集を手伝ってもいいという声もあって、それで二号を出すことになりました。

そのときに今の市長の奥山恵美子さんが当時は仙台市の社会教育課の職員で、この冊子に関心をもってアドバイスをしてくれたそうです。自分たちでお金を出して作成し続けるのは無理だ、出し続けるのであれば印刷代などを自分たちでまかなわなくてもすむようなシステムを作らなければいけないというアドバイスを受けて、三号からは広告を載せるようになり、広告費で印刷代をまかなって、次の号を出すというようにしていきました。

私が最初に見たのは五号と六号でした。私が編集にかかわったのは、一九九三年七号からで、編集長としてかかわったのは九号と一〇号です。読者のお母さんたちは隅から隅まで読んで、編集後記まで読んで質問がきたりしました。六号までは情報誌に徹していたのですが、七号からは情報だけでなく、私たちからメッセージを届けるようなページもほしいといって、七号には私が担当して夫婦別姓の問題をとりあげました。以後、ごみの問題や夫婦の問題などの特集を組みました。ごみの問題のときには仙台市のリサイクル推進課に行って、取材をして、その委員をやったり、夫婦別姓の会にも入って、別姓の問題を勉強したり、添加物の問題も勉強したりしました。

雑誌づくりをとおしてやはたえつこさん（第2部第3章参照）などいろいろな人とつながりました。最初は病院情報とか、幼稚園情報とか私たちの思ったままを書くので、幼稚園の方からものすごいバッシングにあったり、病院からも圧力団体のようなことを言われました。でもそこからお金をもらって作っているわけではないので、ありのままの情報を掲載し続けました。

『子連れママの気晴らしマップ』からの卒業

『子連れママの気晴らしマップ』の編集員というのは雑誌を作るだけではなくて、広告の営業もしなければならないし、本屋に配本もしなければなりません。仙台中の本屋さんにおいてほしいとお願いに行って、注文がきたら私たちが届けるということもやっていました。

漫画やイラスト、地図もメンバーが描いています。六号までは表紙のイラストはプロの人に描いてもらい、何十万円も払っていたのですが、メンバーのなかにイラストを描ける人がいて、七号からはメンバーが表紙も描くようになりました。私たちは完全にボランティアですが、広告や売り上げはあるので、次号の印刷代や取材交通費等の経費を差し引くと若干残ります。それを最後にみんなで分配しました。

『子連れママの気晴らしマップ』は今はもうありません。ネットの出現など、時代の変化だと思います。私たちが作り続けていたときに、ボランティアという形ではもう出せないということに直面します。以前はこの情報誌を見て、私もやりたいというお母さんたちがたくさんいて、毎回一四～一五人、実働は七～八人のボランティアで作り続けてきたのですが、だんだんお母さんたちからの連絡がなくなってくるんですね。いきなり電話で時給はいくらですかとか、仕事としてやりたいという電話が圧倒的に多くなって、ボランティアですというとそれではやれないといって電話が切れる。それでどうしようかということを話し合いました。

この情報誌は社会的に意義があるもので、なくしたくない、しかしボランティアという形で行なうのはきれいだけれど、それで片づけられるのも少し違うかもしれないと思い始め、自分たちがやったことを金銭的にも評価できる形にする時期がきたのではないかという話になって、それで二〇〇二年、私が初代の社長になって「アクティブ・マザーズ・コミュニティ有限会社」を立ち上げました。

しかし、私自身は娘が高校入学の二〇〇三年にやめました。娘が中学生になった頃から、もう自分は「子連れ」ではないなと思い始め、私自身もしんどくなって、当事者のお母さんたちを中心にやっていくべきだと思って、結局娘の高校入学を機に私は情報誌の発行の活動から卒業することにしました。

『子連れママの気晴らしマップ』あとがき（1985年度版）

AMC（Active Mothers' Cooperation）は、乳幼児を持つ主婦のグループです。

これまで私達は、乳幼児を抱えて、「社会から取残されてしまっている」と、考えていましたが、「残っている」という面もあるようです。もっと心を開いて、自らの手でイキイキとした人間関係を創っていきませんか。子育て期のいまを、どう生きるかと言うことは、決して、いまだけの問題ではなく、これからの人生にも深く関わって行くのですから。

私達、AMCは、これからも、思考錯誤を繰り返しながら、ACTIVE! したいと思います。

1985・6・1

伊藤さんの人生のターニングポイントとなった情報誌『子連れママの気晴らしマップ』第一号はB六判四〇ページの小さな冊子である。その「あとがき」を掲載する（そのまま引用）。

子育て中の女性に寄り添い、子育て中の女性が孤立せず、アクティブにつながることを目的として活動しているというメッセージは、伊藤さんの目指すところとぴったり一致している。しかし、このような活動における当事者性を何よりも重視した伊藤さんは、自身のライフステージの変化のなかで、次の活動へとシフトしていく。

4　子どもセンター建設協議から次の活動のステージへ

親子の居場所がほしい!――「のびすく仙台」とかかわる

情報誌にかかわるなかでいろいろな人たちとネットワークができ、またいろいろな分野への興味や関心もわいてきました。そこで、これまでは母親としてやってきたけれど、これからは一人の女性として何かをしようと思うようになりました。

編集から卒業したちょうどその頃、仙台市で、子どもセンターをつくる話が出てきました。そこで小林純子さん（特定非営利活動法人チャイルドラインみやぎ代表理事。東日本大震災後は「災害子ども支援ネットワークみやぎ」を立ちあげ、被災した子ども支援にたずさわっている。第3部一八四ページ参照）が中心になって、自分たちの思いの入った施設にしてもらいたいから提言書を出そうということになり、「私たちの子どもセンターを考える会」を県民会館でもち、仙台市に提言書を提出しました。

それより以前に、子どもセンターと女性センターが長町（ながまち）にできる話があり、小林さんは子どもの立場、私はお母さんの立場でその構想委員に入っていました。ところがこの話は仙台市が経済的に困難となり、凍結になりました。子どもセンターの話はその後浮上してきたもので、速やかにグループを作って提言書をまとめたわけです。

私たちは提言書をだしてそれで終わりと思っていたのですが、ちょうどその時期に公共施設の民間委託が全国的に広まってきて、どうやらその新しい施設も仙台市は民間委託を考えているようだという情報が聞こえてきて、それだったら提言書だけではなくて、自分たちで委託にトライしようということになりました。

そこで委託を受けるために二〇〇三年一一月「せんだいファミリーサポート・ネットワーク」を設立し、委託申請をしました。その途中で仙台市から指定管理になるという報告を受けて、指定管理の申し込みに切り替えて申請し、私たちのNPOが「仙台市子育てふれあいプラザのびすく仙台」（以下「のびすく」）の指定管理者として選ばれました。私がやりたいと思っていたことは「のびすく」の活動で一応はできています。雑誌を作っていたときにお母さんたちのなかから、私たちの居場所がほしいという声がたくさんありました。

情報誌作りでも活動する場所がなくて、エル・パーク仙台や市民センターの部屋を借りてやったのですが、エル・パーク仙台はまだしも、市民センターは子連れが行くと汚すしうるさいし、すごく嫌がられました。館長によってはあからさまにいやな顔をされ、ここは年寄りの集まる場所だからお前たちが来るところではないと露骨に言われました。和室を借りて障子などがあると破いた日には大変で、みんな気を遣いました。優しい館長もいるのですが、その館長が変わると昨日まではよかったのに、今日からはだめだということもありました。

飲食もできなかったので、お昼になると家まで戻るかどこかで食事をしなければなりません。しかしレストランに行っても、子どもがいるだけで嫌がられることもあって、お金を払って食べるのに、ごめんなさいとあやまって食べなければなりませんでした。そこで子どもと一緒に安心してご飯を食べたり、話し合える場所がほしいというのが私たちの夢でした。それが「のびすく」というところで、一つ実現されたわけです。

楽しんで子育てができる環境を

私は子育てがすごく苦手で、それは私だけかと思っていたのですが、そうしたお母さんは結構います。お母さんたちもつらいが子どももつらい。お母さんたちは怒鳴りながら自分も傷ついている。そういうお母さんたちのために安心して子育てができる環境を作りたい。今思うと子育てというのは楽しめるものなのに、お母さんたちは楽しめていない。だから、楽しんで子育てできる環境を作ってあげなければいけないと自分の体験から感じました。

そのことが「のびすく」のなかの活動だけでできているかというと、まだ道半ばだと思わざるをえません。「のびすく」のなかだけでは難しいところがあります。もっと地域に根ざしたものでなければならないし、もっとたくさんの大人がかかわらないとできない。

「のびすく」はその拠点になっていける場所だとは思いますが、地域のなかで気軽に立ち寄れる場所が増えていくことが必要です。そのためには時間や人が必要です。仲間はいるのだけれど、もっと広く住民レベルでの理解が広まることが必要です。しかし残念なことに、この時代になってもまだ女はちゃんと子育てすべきだ、母親なんだから当たり前だという考え方が残っています。

保育所に預けられる子どもはかわいそうだとか、長男はこうあるべきだ、嫁はこうあるべきだという固定観念がまだまだ根強くあります。そういう人たちに理解をしてもらうのは本当に難しいと感じています。だから、せめて静かに見守ってもらえるようになればいいなと、今は思っています。

どうしたらこの思いが伝わるのか、試行錯誤しながら、諦めないで今の子育ての状況を伝え続けています。だから私は、いま歩みを止めるわけにはいかないのです。

「のびすく仙台」の運営費は年間約三〇〇〇万円、スタッフ一五人の人件費を含め、ぎりぎりのところで運営にあたっている。一〇年以上が経過した今、「のびすく」は仙台市内に「のびすく仙台」「のびすく泉中央」「のびすく長町南」「のびすく宮城野」の四カ所が設置され、転勤族の多い仙台で母親の孤立や子どもの虐待の防波堤として機能し続けている。

この館の利用者が支援する側に回り、ママボランティアも年々生まれている。東日本大震災後の二〇一一年一一月、ママボランティアのメンバーにより「ままふぁ会」が結成され、復興支援が展開されている。

宗片さんややはたさんと同様、伊藤さんも震災後は、被災者支援の体験や教訓をいかした防災のあり方をめぐって、全国に発信する活動を続ける一方で、これまで活動を続けてきた仙台・宮城という地域を女性が暮らしやすい地域に変えるにはどうしたらいいか、地道に取り組みつづけている。

尽きることのないそのエネルギーの源泉は、これまた尽きることのない思いを共有する仲間たちにある。

総論

地域女性リーダーの原動力がつくられた場

四人の女性の話からわかるのは、東日本大震災の被災地で被災女性を支援しつづけた女性たちの底力は、地域婦人会や社会学級などの学びや地域で活動する女性たちとの出会いのなかで、自分たちが抱える共通する問題に気づき、問題の解決へ向けて自覚的な市民として取り組むことをつうじて培われたということだった。

女性たちが地域の主体としての力をつけた場は四者四様である。

鎌田さんの学びの場は地域婦人会であり、宗片さんのそれは社会学級だった。二人は、そこで培った力をばねに、地域でそれぞれ新たな活動の場をつくりあげていった。

これに対しやはたさんは、自身の専門を介して多様な専門家の女性たちと出会うなかで力をつけ、地域に活動の場をつくりあげていった。一方、伊藤さんはすでに活動を展開していた女性グループに飛び込むことをつうじてみずからの活動の場を広げていった。

四人に共通して言えるのは、思いを共有する女性たちと出会い、つながり、活動し、交流する場が地域にあったということである。この意味で宮城県婦人会館や社会学級の場となった小学校、仙台市のエル・パーク仙台が果たした役割は大きい。また、四人はそれぞれ行政の取り組みともつながりをもって活動を展開していることも共通している。

あえて四人の活動の違いをいうなら、鎌田さん、宗片さんは行政の社会教育施策を背景にしているのに対し、やはたさん、伊藤さんは男女共同参画施策の前身である女性施策を背景にしている点である。

しかし仙台市の場合、社会教育担当職員がその後女性施策担当に異動したこと、また、自治体の社会教育の取り組みで育った女性たちが、女性政策の市民側からの担い手となり、今日の男女共同参画施策の担い手となっていることを考えるならば、社会教育政策と女性・男女共同参画政策の間にはひとづくりという点で密接なつながりがあるといえる。

最後にまとめとして、女性たちのエンパワメントの拠点となった施設の現状と課題について考察しておきたい。

1　宮城県婦人会館の転換点——積極的な男女共同参画事業の展開

鎌田さんが地域婦人会に入ったのは一九八八年、会長になったのは九二年である。九二年は、宮城県婦人会館二〇周年記念行事が大々的に開催された年であり、婦人会館や地域婦人会は活動の全盛期を迎えようとしている頃であった。

一九八〇年代に入り、女性政策が国と地方自治体の行政的課題になると、社会教育関連団体としての地域婦人会と婦人会館をめぐる状況は大きく変化した。女性政策は社会教育を超えて、労働、福祉、生活全般を網羅した全庁的課題となり、女性政策、男女共同参画を所管する専管課が設置され、そのもとに女性問題全般を解決するための拠点施設として全国各地に女性センター・男女共同参画センターが建設されるようになったからである。

その結果、従来の婦人会館のなかには名称と性格を変更し、女性センターとして再出発をしたり、新たな女性センターと連携して従来の活動を展開する会館があらわれ、全国各地の婦人会館は第二ステージに入っていった。しかし宮城県には残念ながら女性センターはいまだ設置されておらず、婦人会館は県の施設としては唯一の女性会館である。そのため婦人会館は、言わば男女共同参画時代の婦人会館として、今日では従来の事業に加え、「みやぎの食」「子育て広場」「性と人権」など、多様な男女共同参画事業に積極的に取り組んでいる。

2　宮城県婦人会館の指定管理者制度の導入と「網羅主義」

宮城県婦人会館は、近年、建物の老朽化にともなう移転の問題のほかにもう一つ大きな課題に直面した。指定管理者制度の導入である。

行財政改革のなかで県の施設に指定管理者制度が導入されるところとなり、婦人会館も二〇〇六年度より指定管理者制度のもとで管理運営されることとなった。全県下の女性団体とのネットワークの蓄積、男女共同参画の専門的な視点、長期的な展望に立った事業展開が不可欠な婦人会館の管理運営が指定管理者制度になじむかどうかについては、検討を要するところであるが、この制度のもとで、一般財団法人・みやぎ婦人会館は指定管理者に応募、以後、指定管理者として宮城県婦人会館の管理運営にあたっている。

地域婦人会の会員の高齢化と会員数の減少の原因としてしばしば指摘されるのは、地域に属す女性を一律に会員の対象とする「網羅主義」と、上位下達的で非民主主義的な古い組織体質である。

古い組織体質については、会の内部からもしばしば指摘があり、コミュニケーションのとり方やリーダーの心構えなど、繰り返し研修のテーマとされてはいるが、依然として深刻な課題として残っている。

「網羅主義」については、戦後同時期に結成された、「網羅主義」を取らない多様な女性団体も硬直した組織体質や担い手の減少と高齢化など同様の問題を抱えていること、また、「網羅主義」を取っていても活発な活動をしている自治会があることなどを見れば、必ずしも「網羅主義」が組織体としての問題があるとはいえない。むしろ、環境や防災などの課題に対する実効的な取り組みは、ある意味で網羅的な組織が不可欠である。

組織の会員の減少と高齢化は、地域婦人会のみが抱えている問題ではなく、地域の住民組織が多かれ少なかれ抱えている問題であることを考えるならば、地場産業の衰退や地域の人口の過疎・高齢化などの地域社会の衰退、地域を生活基盤とし、地域活動の担い手となる女性の減少、世代間交流や若年世代への対応の弱さなど、今日の地域社会そのものに根源的な要因を求めることも必要である。

鎌田さんが地域婦人会の会長になった頃は、仙台市でも社会学級の活動や市民活動が盛んになり、一九八七年にはエル・パーク仙台（当時は仙台市婦人文化センター、現在は仙台市男女共同参画推進センター）が開設された。社会教育全盛時代であった。地域婦人会と婦人会館の人材育成力もピークのなかで学び、リーダーとして成長した鎌田さんは、今日の地域婦人会が地域に対する積極的な行動力が弱体化していることを、個人の興味関心にもとづいた学習が多くなり、地域に関する学習が少なくなったことなど、県の生涯学習の変容に求めている。社会教育の意味が改めて問われているといえよう。

3　いまも機能している社会学級

宗片さんの力の源泉となった社会学級もまた、会員数はピーク時より減少しているが、今日でも活発に活動を展開しており、地域のリーダーを輩出し続けている。

宗片さんより一五年あとに社会学級に入級し、今日では仙台市の教育委員やイコールネット仙台のメンバーとして活動している油井由美子さん、同じく社会学級のメンバーで油井さんよりさらに若い菅野澄枝さんが「岩切(いわきり)学校支援地域本部」のスーパーバイザーとして、地域防災に取り組んでいることからもそれはうかがい知ることができる。

仙台市の社会学級が今日でも地域の女性リーダーを生み続けているのは、各小学校に設置されている単位学級の企画・運営が学級生によって自主的になされていること、単位学級の委員長によって構成されている社会学級研究会の存在、役員の再任を禁止し、後継リーダーを育てるシステムができていることなどがあげられる(1)。とりわけ、社会学級研究会の存在は大きい。

油井さんは、「単位学級での語り合いは仲良しグループの楽しい会話という感じで進んでいたが、研究会のほうは、自分の意見を言うことが求められた」「人権問題がテーマのときは、どんな勉強をしたらいいか、人権擁護局にアドバイスをもらいに行った」「家族と制度をテーマとしたときには、大学の先生を講師に、家族問題の全体像についてレクチャーを受けた」「ロールプレイをすることになり、台本を書いたりしたが、その企画を通すためには趣旨文を書かなければならず、幾度も書き直しをするように言われ、苦労した」など、社会学級研究会がリーダー養成の実践的場となっていたことを語ってくれた。

また、社会学級研究会が一九五五年に作られた経過について、「委員長は学びの場をリードする存在なのだから、自主的に学ぼうというメンバーの発案で自主的に作られた。その後、市がこれを認め、補助金・共催負担金を出すようになった。社会学級研究会があったから、仙台市の社会学級は残ったという話を当時の生涯学習課長から聞いたことがある」と語ってくれた。

社会学級研究会は、まさにリーダーとしての育ちあいの場であり、こうして力をつけた女性たちが会長を退いた後にも顧問となって、後輩を支援するしくみがあったことが継続的な力を生み出し続けたのだと考えられる。

4　社会学級から自主グループの立ち上げ、そして「わたしたちの女性センターを実現する会」の活動へ

宗片さんは、社会学級のなかで仲間を見出し、社会学級のリーダーに育ち、その後一九九三年に、研究会の同期の仲間たちと女性の性とからだについて考える自主グループ「グループℓ(アイ)」を立ち上げた。社会学級は各小中学校を活動の場として利用することができたため、活動の拠点に関しては不自由を感じることはなかったが、社会学級を「卒業」した女性たちが自主グループの活動を続けるためには別の場所を探さなければならなかった。

仙台市では一九八七年、「仙台市婦人文化センター」（現エル・パーク仙台）を開設し、女性の社会的活動や学習活動への支援を展開していた。しかしながら、女性にかかわる新たな課題への対応、より総合的・多面的な事業展開を求める市民からの声に応えるため、女性市民活動の拠点施設として、エル・パーク仙台よりも空間的・機

能的に拡充された女性センターを設置することが課題となり、当時の藤井黎市長により、太白区に女性センターと子どもセンターの複合施設を設置する方針がだされた(2)。

時期を同じくして市民の側からも、エル・パーク仙台の利用率が高く、空間的にも限界にきていたことから、「市民参画の女性センター」を求めて、エル・パーク仙台を利用しているさまざまな団体で構成された「わたしたちの女性センターを実現する会」が結成された。宗片さんは自主グループ「グループℓ」の代表としてこの会に参加し、会の代表となった。

市の構想はその後財政難などから頓挫したが、後に二館体制での女性センター案が浮上し、当時の「第六期ジェンダーフリー推進協議会(3)」の部会として「女性センター検討部会」が設置されると宗片さんはその専門委員となり、副部会長を務めた。ちなみに筆者はそのときの協議会の会長であり、「女性センター検討部会」の部会長であった。

「第六期ジェンダーフリー推進協議会」は「(仮称)女性センター基本構想についての提言」を二〇〇二年七月に市長宛に提出した。そのなかにはセンターの運営について以下の一文がある。

［施設運営の基本方針］

「(仮称)男女共同参画センター」の基本的考え方に基づき、すべての事業においてジェンダーに起因する問題解決の視点を持ち、女性を主体としつつもすべての市民に開かれた運営を行っていくことが重要である。

また、運営の市民参画の推進を通じて、女性人材の発掘・育成及び主体的な市民活動の支援を図っていく

必要がある。さらに、関連機関等との連携を重視し、そのネットワークの拠点となる運営を目指していくべきである。(以下略)

① 市民参画による運営

「(仮称)男女共同参画センター」は、市民の主体的な活動の拠点施設であり、その運営にあたっても、できる限り市民参画を進めていくことが求められている。(中略)この点に関する当面の課題として、エル・パーク仙台女性サークル室の運営を、市民グループへ委託することについて検討していくことが望ましい。

この提言をうけて、仙台市が策定した「(仮称)男女共同参画センター基本計画」(二〇〇二年一一月)でも、センターの運営に関して以下のように述べられている。

② 市民参画による運営

「(仮称)男女共同参画センター」は、市民の主体的な活動の拠点施設であり、その運営にあたっても、できる限り市民参画を進めていくことが求められている。そのため、運営への市民参画推進のための当面の具体的方策として、改修後、エル・パーク仙台女性サークル室の管理運営を、市民グループへ委託し、市民の柔軟な発想とノウハウを施設運営に活用していくものとする。

男女共同参画推進センター全体は、仙台市より公益財団法人せんだい男女共同参画財団が指定管理者として管理運営に携わっているが、前述の規定にのっとり、エル・パーク仙台の市民活動スペースの運営は今日、公益財団法人せんだい男女共同参画財団からイコールネット仙台に委託されている。

男女共同参画推進センターが市民参画で運営されることは、市民のエンパワメントの点からだけでなく、市民協働のまちづくりの理念からいっても評価できる。市民参画の運営は今日全国でみられるが、仙台市の取り組みは先駆的なものである。東日本大震災で女性が大きな力を発揮したのも、こうしたしくみがあったからだと考えられる。

5　男女共同参画センターに求められること

全国的に女性センターが設置されるようになった頃、(財)横浜市女性協会『女性施設ジャーナル』が刊行された。そこには女性センターとは何か、どのような機能をもつべきかなどが掲載されている。

その三号では「女性施設における市民活動支援とは?」という特集が組まれ、女性施設が備えるべき機能として、①学習・研修機能、②情報収集・提供機能、③相談機能、④調査研究機能、⑤交流機能があげられている。しかし続いて、これらの機能を女性センターの職員だけで企画・実施すればいいのかと問題が投げかけられる。これに対して、「限られた予算、スペース、人手のなかで、女性問題に関する事業はもっぱら女性センターが主体として担うべきだという考え方自体が現実的ではない」という指摘がなされ、「地域で活発に動いているグループや個人のなかには、高い志と行動力があっていいアイデアを持っている人がたくさんいる」「私たちの一番大きな目的は地域における女性問題の解決なのだから、そこへたどり着くための方法はいくつもあっていい」「地域でそうした活動を行なうグループや団体を支援することも女性センターの重要な役割だ」と述べられ

ている。(4)

仙台市の男女共同参画推進センターも、以上のような機能をもったセンターとして運営されている。女性センター・男女共同参画センターのような施設は行財政改革や事業仕分けなどの対象となりやすく、即結果を出すことが求められている今日、これらのセンターの管理運営、事業の企画実施はさまざまな困難を抱えている。しかしこれらの施設に求められている機能は当初となんら変わらない。むしろ困難に直面したときは原点にもどって考えることが必要である。

東日本大震災後、各地の男女共同参画センターには、男女共同参画の視点をもった防災・復興の拠点施設としての機能が求められている。

東日本大震災では、ネットでつながる支援団体がいくつもつくられた。たとえば、「スタンド・フォー・マザーズ（Stand for mothers）」がそれである。これは、ネットでつながる「ギャルママ」と言われる一六歳から二七歳くらいの若いママたちが、被災直後に「いつ届くかわからない四〇万個より、確実に届く一個を」被災地のママたちに送ろうと、「ママの普段力で被災地のママを支援する」グループとして立ち上げたものである。ネットでニーズを収集し、支援物資を集め、被災地のママたちに送るという一人ひとりを大切にした支援活動を展開した。(5)

男女共同参画センターは、こうした新しい形のグループに対する支援やネットワーク化などにも取り組むことが求められる。地域の新たな課題に男女共同参画の視点で市民と協働して取り組むことは、男女共同参画センターを、より地域に根づかせ、より市民のなかに浸透させるためにも重要である。

注

（1）高橋満・朴健淑・中野弘樹「市民力をはぐくむ社会学級の仕組み」『東北大学大学院教育学研究科研究年報』第六三集第二号、二〇一五年六月。

（2）「仙台市女性センター・子どもセンター（仮称）基本構想（資料編）」仙台市女性センター等基本構想委員会、一九九六年。

（3）「ジェンダーフリー推進協議会」は、当時仙台市が設置した男女共同参画を推進する委員会で、「第六期ジェンダーフリー推進協議会」は、「女性センター基本構想」を提言するとともに、仙台市男女共同参画推進条例案を答申し、だいぶ妥協した形ではあったが同条例が制定され、審議会が設置されることとなった。

（4）（財）横浜市女性協会『女性施設ジャーナル』三号、「女性施設における市民活動支援とは？」学陽書房、一九九七年。

なお、同書で当時仙台市市民局企画課長だった現仙台市長・奥山恵美子氏は、仙台市の「女性施設における市民活動支援とは？」のなかで、女性グループのいくつかの支援について紹介し、あわせて、仙台市の規模では、「ちょっと熱心に活動すると半年くらいで芋づる式にキーパーソンとつながることができる」と述べている。

（5）筑波君枝『わたしにできること。個人の「なにかしたい！」からはじまった12の絆の物語』メディアファクトリー、二〇一二年。このグループはその後社団法人資格を取得し、「防災★ママブック」の発行や、石巻市などの被災地に出向き、支援ママと被災地ママの交流イベントなどを展開している。

第3部

被災地の明日を担う女性たち

防災・減災・震災からの復興に「人間の復興」の視点が必要であること、「人間の復興」とは、生命・健康・仕事・生活の復興（「営生の機会の復興」）であること、そのためには女性の視点が必要であること、そして女性の視点とは、人権と尊厳を尊重する視点、生活者の視点、ケアを必要とする人に寄り添う視点であることを、私たちは、過去の体験から学んだ。

第１部では、女性たちによる女性の視点による被災女性の支援が生活における「人間の復興」の土台を作りあげる支援であったことを見てきた。第３部では、「人間の復興」の根幹である就業・雇用と地域コミュニティをめぐる被災地の現状に焦点をあて、女性たちの現在と今後について考察する。

第1章

次世代のエンパワメント支援の場をつくる

第2部でとりあげたほかにも、東日本大震災という大惨事のなかで、地域のリーダーとして力を発揮した女性たちのエンパワメントの場は、平和運動、保育所建設運動や母親運動、子どもを守る運動、労働運動や労働組合運動、農業や水産業などの地場産業の維持と発展を目指した取り組み、暮らしの安全安心を求めた消費者運動・生活者運動、環境問題の取り組みなどなど、戦後日本社会が直面したあらゆる問題に関わった場であり、じつに多様である。

女性たちが地域の主体としての力をつけるしかけが戦後の日本社会には確かにあったし、今もある。しかしいま、若い世代にはそのようなしかけがどれほどあるのだろうか。あるいはそのような場とつながる道がどれだけあるのだろうか。

東日本大震災発災時、ガールズ世代（一〇代半ばから二〇代前半の女性）はどのような状況におかれ、何を考え、どのように生き延びたのか。

この章ではまずは筆者が出会った被災時のガールズたちについて考察し、さらに将来の地域の担い手となるガールズ世代が地域の主体としての力を得るにはなにが必要かを考える。

1　被災地・避難所のガールズたち

「かわいいもの」は自分自身のアイデンティティ

震災二カ月近くたってから始めた避難所訪問では、どこの避難所でも、二、三人集まって片隅にうずくまる女子中学生や高校生が目にとまった。

年配の女性たちが思い思いに悩みやニーズを語りあっているなかで、部屋の片隅に寄り添うようにして遠慮がちに座っている彼女たちは、それはそれで目立つ存在だった。「なにか困っていることはない？」と声をかけると、「みんながまんをしている。こんなときに思っていることを口に出すのはわがままだと思う。だから、自分たちもがまんしている」と消え入りそうな声で語った。年配の女性たちが被災当初、自分たちの思いを口にできず、じっとがまんしていたと同じように、被災下のガールズたちもじっとがまんしていたのだ。

それでもあれこれ話しているうちに、ようやく語ってくれたのは、支援物資には自分たちが必要としているものがないということだった。

被災前、多くのガールズたちは、かわいい下着や衣服を身につけ、キラキラした小物に囲まれて生活していた。しかし震災と津波で、彼女たちは「かわいいもの」を失った。支援物資のなかに自分たちが必要としているものがないということは、それまで彼女たちが慣れ親しんでいたいわば「必需品」がないということとイコールだった。

「かわいいもの」とは彼女たちにとって何だったのか。震災から一年以上経過した頃、震災に触れた授業のコメントシート（授業の終わりに学生から提出される授業内容にかんする質問・感想用紙）のなかに、その答えがあった。以下、本人の了解をとったものを紹介する。

避難所にいた時、何気なく、職員が支援物資の仕分けをするのを見ていて、支援物資の中につけ爪が一箱あるのを見つけました。被災前つけ爪をよくつけていたので、心の中で思わず「ほしい！」と叫びました。けれど、口に出すことはできませんでした。こんな大変な時につけ爪がほしいなんて、ぜいたくだと思ったからです。仕分けしていた男性の職員は「なんだ、避難物資にこんなものを送ってきて」と言って、つけ爪の入った箱をごみ用ポリ袋のなかに放り捨てました。それを見て私は、つけ爪が欲しいと思った自分が捨てられたと感じました。

支援物資のなかのつけ爪が捨てられるのを見て、自分が捨てられたと感じたこの学生は、被災以前の自分の日常生活と一緒に、そのような日常を過ごしていた自分自身の存在が否定されたと感じたのではないか。彼女たちにとって「かわいいもの」とは自分自身のアイデンティティであり、自分が自分であるためのよすがなのだ。つけ爪にアイデンティティを感じるガールズは、サイズの合わない下着にはアイデンティティをもつことができず、だから身に着けることができなかった。支援物資にはそっけない白い木綿の下着しかなく、それを身につける気にはなれなかったガールズが、当時少なからずいた。

しかしだからといって彼女たちは、つけ爪をなくてはならない大切なものと思っているわけでもないようだ。それは、避難生活のなかでは欲しがってはならないものと感じていることからうかがえる。つけ爪がたいした価値のあるものではないということは、つけ爪を欲しいと思う自分もたいした存在ではないと思っているということだ。

彼女たちは震災前から、自己抑制を強いられ、生きづらさを感じつつも、それを仕方のないこととして受け入れ、生きづらさを感じる自分を肯定することもできずにいたのではないか。「かわいいもの」に対する錯綜したガールズたちのこだわりから、被災前から続く彼女たちの日常を感じさせたレポートだった。

「プレゼント」という形の支援

「かわいいもの」に囲まれていた被災前の日常生活は、彼女たちにとって、必ずしも輝いていたわけではなかったかもしれない。しかし、震災前に慣れ親しんでいた「かわいいもの」に再会することは、震災前の自分をとりもどすきっかけになる。

では、「かわいいもの」を支援物資のダンボール箱に詰めて送れば、彼女たちはすんなり受け取るだろうか。避難所を訪問したときの筆者の避難所訪問メモには、「衣服や下着は中高年用のものが圧倒的で、中高生やヤングものはない。これを個人個人に向けたプレゼントの形（たとえば一五〇センチ用ピンク系などとしてかわいいブラとショーツをセットにして袋に入れるとか）にすることが望まれる。」と記載されている。支援物資としてではなく、被災したお見舞いのプレゼントとして手渡せば、ガールズは受け取りやすいのではないか。これは、女子大でガールズ世代に日々接している筆者の直感だった。

この世代は支援することにも支援されることにも慣れていない。彼女たちにとって「支援」とは、生活に困難を抱えていたり、乳幼児や障がいをもっている者や高齢者などのケアを必要としている人たちが受けるものであって、自分たちのような若くて元気な者が、ましてや「生活の必需品とはいえないかわいいもの」を支援物資として受けるものではないという思い込みがどこかにある。しかも、親や教師から「自分のことは自分で解決しろ」と言われ続けてきた彼女たちは、自分たちが支援される側に回るなどということは考えたこともないし、支援されること自体にも肯定的な印象をもつことができずにいる。

これは、段ボール箱から支援物資を選び出す親の姿を「あさる」と表現したり、すぐに必要ではないものを持ち帰る姿を「あさましい」と表現したレポートがけっこうあったことからうかがい知ることができる。要するに彼女たちは、「支援する／される」とはどういうことか、どのように「支援する／される」ことが必要なのか、わからずにいるのである。

彼女たちが欲しいと思う「かわいいもの」は下着だけではない。ポーチ、携帯のストラップ、ネイル、化粧品、つけまつ毛、お財布、髪留め、アクセサリ、Ｔシャツ、ｅｔｃ．…。

そこで筆者は、全国から送られてくる支援物資のなかから、ガールズが喜びそうなものを仕分けし、かわいくラッピングして、ガールズ向けプレゼントを用意し、避難所訪問で女子高校生に会う機会があるときには、周囲の学生に声をかけ、学生とともにこれを持参し、学生から高校生に手渡してもらうことにした。

津波被災のあった地域で、通学が困難となり高校内の避難所で暮らしていた女子高校生を訪問したときも、これを持参した。彼女たちは当初同校の体育館に設置された一般市民向けの避難所にいたが、消灯時刻が早く、深夜まで勉強する高校生には不便だった。そこで、二四時まで利用可能な自習室を備えた高校生専用の避難所を高校側が設置し、そこで生活をしているとのことだった。

週末には親元に帰る生徒が多いと聞き、「夏休みは家族とゆっくり会えるので楽しみでしょう」と話しかけると、「受験の補習でそれどころではない」という言葉が返ってきた。避難所生活は合宿のようで楽しいとは言っていたが、しっかりした受け答え、明確で揺るがない進路志望、一分の隙もない優等生的な態度に、だいぶムリをしている様子がうかがえた。

別れ際に、持参したかわいらしいポーチやストラップを手渡して外に出ると、なかから、高校生らしい「キャーッ」という歓声が聞こえてきた。ガールズらしい嬌声を聞いて、妙にほっとしたことを覚えている。

ガールズがガールズを支援する効果

今回の震災では、小規模ながら、ガールズ世代への支援は被災地の各地で見られた。仙台でも、ガールズによるガールズ支援がせんだい男女共同参画財団によって取り組まれた。

支援物資のなかに若い女性が喜びそうなものがほとんどないことを聞いた財団の職員が、「女の子の表情がこわばっている」「がまんをして、いい子になっている感じがする」「女の子たちに、きらきら、かわいいものを届けて、抑え込んでいた気持ちを少しでも解放してほしい」「自分の中に生きる力があるんだと思い出してほしい」との思いから、少し先輩の大学生や専門学校の学生たちに呼びかけたところ、宮城学院女子大学（M）とドレメファッション芸術専門学校（D）の学生がそれに応えた。

このチームは「MDGガールズ・プロジェクト」と名付けられ、かわいい物資を集め、仕分けをし、プレゼント用にラッピングをして、それを持って被災地に行き、ガールズトークを行なった。秋になり、冬になっても息長く、高校生世代にプレゼントを届け、メイクアップやネイルケアをしながら、おしゃべりをし、癒やしの空間を提供し続けた。

サポートをする側のガールズたちも、じつは多かれ少なかれ被災者だった。筆者が勤務している大学でも、震災当日は春休み中だったが、卒業式に着るマントの貸出日だったため、四年生を中心に数百名の学生がキャンパスにいた。多くの学生はその日のうちに帰宅したが、家族と連絡が取れない学生や、連絡が取れても帰宅できない学生、近隣のアパートでひとり暮らしをしている学生など二〇〇名以上がその日から学内の体育館、学生センターで避難所生活をすることになった。

こうした学生のなかには、津波で家が流失したり、親族を失ったりして、物心両面での支援を必要とする学生もいた。しかしそうした学生も含めて、「なにかせずにはいられない」と積極的にボランティアに参加する学生も多く、学内のボランティアグループをはじめ、地域、ユニセフ、アルバイト先でたちあげられたボランティアグループなどさまざまなつてをたどって、避難所の食事提供、被災した子どもへの支援、避難所塾の開催、被災ラジオFMへの参加など、多彩な活動にみずから進んで取り組んでいた。

筆者の勤務する大学では一部建物が危険な状況になり、その修復のために新年度の開始は五月の連休明けになったが、立ち入り禁止区域外のキャンパスで顔を合わせると学生たちは、自分たちの近況報告とあわせ、ボランティア先の被災状況や支援状況、一人前のボランティアとしてみなされなかった悔しさや女性だからと言ってがれきの処理を拒否されたことへの怒り、ボランティア活動のなかでのセクハラ体験などさまざまなことを語ってくれた。

「MDGガールズ・プロジェクト」のガールズ支援にたずさわった学生たちも、支援の様子を語ってくれた。他愛ないガールズトークのなかで、高校生から自分たちが大切にされている気がしたと言われてうれしかったこと、徐々に元気になる高校生を見て、ガールズ支援に取り組んでいる自分自身が自分にもできることがあったのだと自信につながったこと、これまで将来について考えるゆとりもなかった高校生が、学生生活の様子を聞き進学を考え始めたことを知って、高校生のなかにかつての自分を見出し、大学三年・四年という時期にいる自分自身を振り返り、卒業後の進路について真剣に考え始めたことなどなど。

彼女たちの話からは、支援される高校生と接するなかで、支援する側の彼女たち自身も忘れかけていた自分を再発見する貴重な体験をしたことがうかがえた。

同世代が同世代をサポートする、同じような立場におかれている者の間でサポートをすることは、ピアサポート（peer support）と言われ、震災以前から、デートＤＶや性教育などの啓発活動や相談支援の活動などで多様な実践が存在していた。そこでは、支援する側と支援される側は同じような問題を共有する仲間で、両者が対等の立場で、語りたい人が語り、聞いているだけの人もいて、何でも話して聞いてもらえる場を形成することで、すべての参加者にとって成長とこころに受けたダメージからの回復の機会となることが目指されている。

支援すること／されることによって、支援の仕方、され方を学ぶと同時に、支援すること／されることが自分にも支援する力があること、支援されてよい存在であることを発見する。支援する側／される側の双方にエンパワメントがもたらされ、セルフサポートがもたらされたガールズによるガールズ支援は、この意味で典型的なピアサポートだった。自分の心の奥に引きこもってしまった生きる力を互いに引き出す活動がガールズによるガールズ支援にはあった。しかし、ガールズ支援に取り組んだ学生は、「ガールズ支援のイベントに来る高校生はまだ元気で、ほんとに困っている子は来られない」と言う。

そうなのだ。被災地の圧倒的多数のガールズたちは、必要とする支援を受けることができないまま、心に震災の傷を抱えたまま、つながり方がわからないまま、大人になる。

震災では、直接的な被害に引き起こされる形で間接的な被害が次々と発生する。それらの被害は、高齢者、障がい者、子どもたちなど、社会的に弱い立場にあって傷つきやすい層に集中して現れる。防災における男女共同参画が政策課題になるなかで、働く女性、妊娠・出産直後の女性、子育て中の女性、高齢女性に対する支援は不十分ながらも注目されてきている。ガールズ世代に対してももっと注意がはらわれなければならない。

2　社会で孤立しているガールズ世代

震災前からある生きづらさ

ガールズ世代はかつて「箸が転がっても笑う年頃」と言われ、悩みなどとは無縁の、夢と希望に満ち溢れているかどうかはともかく、人生のなかで最高にキラキラした世代と思われてきた。しかしいま、状況は様変わりしている。ガールズに限らず、子どもとおとなのはざまに位置するこの世代（「若者」「青少年」世代）は、震災前からこの世代特有の生きづらさを抱えていた。

この世代の特有の生きづらさとは、経済的にも社会的にも、身体的にも精神的にも、おとなと子どもの境目にあることに由来する。

この世代はいずれ社会に出ることを期待され、おとなになったらなにをして生きるのか、絶えず決断を迫られている。夢を持てと言われるが、その夢を実現するには、幾重にも壁が立ちはだかっている。この世代が夢を実現するには、まずは親の経済力に左右されるし、その時どきの社会の経済・雇用状況にも左右される。にもかかわらずこの世代は子どもの頃より、学力・能力さえ身につければ夢はかなうと自己努力が強制され、夢を実現できないのは自分の努力が足りないからだと追いつめられる。自分の力ではどうにも解決できないことに対しても、できないのは努力が足りないからだと言われ、努力しつづけることを強制される。

この世代に対する有形・無形の親や学校、社会からの圧力ははんぱではない。家族のなかでは、将来設計のみならず、プライベートなことがらにも執拗なまでに介入してくるなど、親の監視と管理下で大きなストレスにさらされる一方で、本当に困っていることについては気付いてさえもらえない。地域のおとなたちからはときにうとまれ、ときに無視され、ときに奴隷のように扱われ、同世代のなかにあっては、陰に陽に存在する「カースト」のなかで、たえず周囲に気を遣い、息抜く暇もない。

さらには、キャンパスやアルバイト先ではセクハラやパワハラを日常的に受け、友人や恋人との関係のなかでも心身の暴力に苦しめられる。就職活動では何十回となくチャレンジしても内定を取れず、心底打ちのめされてこころを病むことだってある。たえず評価され続け、競争を強いられ、他者の目にさらされ、家庭にも、地域にも、学校にも身を置く場を見出せず、生きづらい思いを抱え、関係性の貧困に苦しむ者がこの世代には数多くいる。

彼らの多くにとって、夢は持つ前にすでにつぶされている。これがガールズに限らず、今日のこの世代の第一の生きづらさである。

親の経済状況に左右され、労働を買い叩かれる存在

この世代の生きづらさの第二は、彼らが親の経済状況に依存し、親の経済状況に左右される存在であること、また、一人前の労働力として認知されていないことである。

この世代の多くは、親と学校の庇護のもとにあるが、その庇護を受けられず、社会人になった／ならざるをえない者たちもいる。そのような者たちは、それはそれで深刻な困難を抱えている。この世代にはそれなりに労働する力があり、実際に多様な形で働いている。しかし、その多くは、一人前の労働力としては認知されず、買い叩かれ、ブラックバイト・ブラック企業のリスクに日常的にさらされている。

しかもこの世代は、そのようなリスクを回避するための情報やみずからの権利を守る法制度にアクセスするすべをほとんど知らない。みずからを守るすべをもたず、社会からの不利益をこうむる危険性に無防備にさらされているのである。

社会的に孤立しやすく性的搾取にさらされて

第三は、わが国では性的対象として特別の付加価値を付与されている世代であること、性的な暴力の対象、性的搾取の対象とされがちな世代であることである。

とりわけガールズには、女性であるがゆえの生きづらさが深刻である。『女子高生の裏社会―「関係性の貧困」に生きる少女たち』（仁藤夢乃、光文社、二〇一四年）や『最貧困女子』（鈴木大介、幻冬舎、二〇一四年）などのルポルタージュには、貧困下に生きるガールズたちが特別な性的付加価値を付与されたときにおかれるすさまじい状況が描写されている。性犯罪やデートDVの被害者の多くは、この世代の女性たちである。

過去の震災で被災後の性犯罪が頻発した経験から、東日本大震災後は性犯罪被害者のために女性クリニックなどに緊急避妊薬が提供されたが、その情報が必要なガールズに伝わらず、十分活用されなかった。

そして第四は、ケアを必要としない世代だと思われがちであること、社会的支援の対象として見落とされがちな／無視されがちな世代であること、社会や地域、家庭から孤立しがちな世代であること、性被害やいじめなど多様な被害を受けるリスクの大きい世代であること、貧困と困難からのセーフティネットを必要としない世代だと思われがちだということである。

つまり、支援すること／されることに慣れていないだけでなく、社会的に孤立させられ、人や情報、制度とのつながり方がわからずにいる世代だということである。実際、被災後のこの世代は、進学・進路など将来について多くの不安を抱えながら、学校でも避難生活のなかでも自分たちの思いをなかなか口に出せずにいた。避難所で居づらい思いから、避難所を出て半壊した自宅や車の中で孤立した生活をしていた若者も数多くいた。

東日本大震災時のガールズによるガールズ支援は、彼女たちにとって必要なモノ、必要な情報、必要な人、必要な社会制度とのつながる道があることとあわせ、そのつながり方を体験する貴重な場となったのである。

3　ガールズをエンパワメントするしくみはどこに

自立したおとなになるルートとは

いまの若い世代の女性たちは、地域、家庭、学校、職場で、理不尽な体験をし、鬱屈した思いを抱いている点では、先輩の女性たちと同じである。

本書で紹介した女性たちは、自治体や教育機関が関わる社会教育や生涯学習のなかでリーダーとしての力を身につけていったが、今日、民間の生涯学習講座が豊かになり、自治体や市民センターなどの講座は、衰退気味である。受講料を払っての民間の講座では、趣味や健康、教養など、個人的に興味が持たれる講座は人気があるが、まちづくりや環境問題などのテーマやシティズンシップ教育や地域のリーダー養成はむずかしい。男女共同参画関連の取り組みでも女性のエンパワメントの取り組みがなされているが、若い世代が参加できるものは多くない。

わが国では、若者に用意されている自立したおとなになるルートは、無事に高校／大学を卒業し、新卒で就職するという道しかなく、これからはずれると「落ちこぼれ」とみなされる。最初の関門は学校生活をクリアすることである。しかし、中退することなく学校生活をクリアしたとしても、その最終段階の就活でつまずく若者もいる。血を吐くような就活の末に新卒で就職できたとしても、低賃金、劣悪な労働環境、長時間労働、過度なノルマ、パワハラなどの壁が待っている。

今日のわが国では多くの若者が社会に対する批判的なものの見方や社会への能動的かかわり方を学習する機会をもつことなく、学校生活を終了すると直ちに社会に放り出される。自立したおとなになるための若者への支援が貧困であることは、震災のずっと以前から指摘されていた。おとなになる直前／直後の若者世代に対する支援とは、経済的・生活的・精神的、そして性的に自立した成熟したおとなとなる手助けをすることである。被災の有無にかかわらずこの世代が思いや悩みを率直に語れ、将来が開けるようなしくみと支援が作られなければならない。

若者が力を発揮できる社会に

「ワーキング・プア」や私生活を犠牲にした「仕事人間」に耐えきれず退職すれば、あとは脱出困難な経済的貧困と人間関係の貧困が待っているだけだ。しかも、落ちこぼされた責任は「自己責任」としてすべて若者自身に転嫁され、自立できない人間は「社会に迷惑をかける存在」としてお荷物扱いされる。こうした傾向は九〇年代半ば以降の新自由主義と言われる構造改革の時代にとくに顕著となり、この時代に若者として生きた世代は「ロストジェネレーション」と呼ばれ、今日、深刻な社会問題となっている。

震災発生の前から、大学中退者数が高校中退者数を上回り、二〇代の若者の半数以上が非正規で働いている。親の貧困が子どもの貧困を引き起こし、貧困の連鎖から抜け出せずにいる若者も数知れない。

被災地では震災で低所得となった家庭では、子どもの多くが経済的理由から塾や習い事に通えず、大学進学もあきらめざるを得ない状況がある。震災による貧困が子どもの未来への希望を奪う現実がある。これでは被災地の再建の力は生まれようもない。グローバル化のなかで競争は激化し、不利な条件下におかれている者にとって生きにくい環境が拡大している。今日ほど、若者のおとなへの移行が困難な時代、若者世代が軽視され、ぞんざいに扱われている時代はない。

国連では、二〇一一年一二月一九日、毎年一〇月一一日を「国際ガールズデー」とすることを採決した。「国際ガールズデー」は、社会的に軽視、差別され、時に危険な目にあっている途上国の女の子たちが、潜在能力を発揮できる社会づくりを目的としてつくられた。軽視・差別され、持てる力を発揮することを奪われているのは途上国のガールズだけではない。若者世代はもっと大切にされてよい。おとなへの移行期にある若者世代に対して本気で支援することが震災のなかでも求められている。

子どもに対する社会教育・ジュニアリーダー育成活動

とは言え、子どもを地域の正当なメンバーとして育成する試みは、まったくなされていなかったわけではない。戦後の社会教育におけるジュニアリーダー育成の取り組みはその一例であって、東日本大震災でも大きな力を発揮した。

ジュニアリーダーとは、子ども会を中心に地域活動を行なうガールズ／ボーイズのことで、中学生や高校生が中心であるが、二〇代・三〇代の大学生や社会人もいて、二〇〇九年現在、中学生約四〇万人、高校生年齢相当約二一万人と言われている。ジュニアリーダーの活動は、子ども会活動のリーダーとして子どもたちへのアドバイスやサポートをすることと、子ども会育成者・指導者であるおとなと子どもたちをつなぐことである。

ジュニアリーダーの養成は、社会教育の一環に位置づけられており、自治体の教育委員会が定期的にジュニアリーダー養成研修会を開催している。ジュニアリーダーの組織は、教育委員会などが事務局機能を担っていることが多いが、基本的に中学生や高校生による自主運営で、団体の代表者は通常中学生や高校生が担っている。

宮城県および仙台市は埼玉県と並んで子ども会活動、ジュニアリーダー活動が活発なところである。宮城県では一九六九年に、県教育委員会が子ども会育成の一環としてジュニアリーダーの養成に取り組みはじめ、以後定着していった。

仙台市では一九八九年政令指定市になって以後、独自に育成を始め、市民センターを拠点に活動をしている。東日本大震災のときにはジュニアリーダーは、被災した子ども支援に大きな力を発揮した。「南三陸町とワールド・ビジョン・ジャパンによる子ども参画の事例」によると、南三陸町では四〇年以上前から活動していた「ボランティアサークルぶらんこ」のジュニアリーダーが、「中高生がつながれば、何かができるはず」と地域の子ども会活動にとどまらず、宮城県内外のジュニアリーダーとつながり、震災後も大人たちのバックアップのもとで子どもの立場からのまちづくりに取り組んでいる(1)。

また、災害子ども支援ネットワークみやぎ代表世話人、特定非営利活動法人チャイルドラインみやぎ代表理事の小林純子さんは、「被災地の子どもたちに向き合う」のなかで、彼女がかいま見た震災後のジュニアリーダーの活動に注目して、次のように指摘している。

各避難所で活躍したのが「ジュニアリーダー」と呼ばれる子どもたちだ。彼らは、それぞれが避難した避難所で、必要とされる仕事を行い、新聞を作って皆を励まし、小さい子どもの面倒をみていた。それは、「期待された役割を果たす子ども」とは異なり、ジュニアリーダーとして身に着けた精神やスキルをもって、自ら行動する子どもたちだった。彼らの活躍が判明したのは、震災後しばらくしてから、復興に子どもの声を生かそうという運動のなかでのことだった。一九六九年に宮城県で養成が始まったジュニアリーダーは、宮城県中央児童館や市町の社会教育のなかで生まれ、先輩から後輩へと引き継がれている。

被災地ではしっかりと故郷に根をおろして活動するジュニアリーダーという若い人材が育っていた。ここには震災後の社会教育の向かうべき一つの方向が見える。(2)

地域と連携したシティズンシップ教育

今の若い世代の多くは、高校から大学へ進学し、社会を体験的に知らないまま、就職をし、社会のなかに放り出され、「社会人」となって多忙な毎日を送る。市民としての自覚をエンパワメントされることのないままに、卒業すると「一人前の社会人」として社会に出るのである。

日本の学校教育は、政治や法律などのしくみを知識として教えはするが、それらが自分たちの生き方とどう結びついているのかを教えることはほとんどない。日々の生活や仕事に追われているなかでも、自分と社会とのつながりを見出しにくい状況がある。これでは社会に主体的に働きかけることも、自分らしく生きることも難しい。ジュニアリーダー養成の取り組みは、地域社会の担い手としての体験的学習の場としては有効であるが、そこには今のところ男女共同参画の視点があるという話は聞かれない。また、若い世代が地域社会の主体的な未来の主権者に育つには、市民としての教育、政治教育が求められる。

これらの地域や社会に能動的市民としてかかわる力を養うための教育はシティズンシップ教育、リーガル・リテラシー教育とも言われ、欧米では、コミュニティ機能の低下や社会的・政治的無関心層の増加等、わが国と同様の問題状況を背景に、一九九〇年代から学校教育に導入されている(3)。

学校教育における市民教育、政治教育が重要なのはいうまでもないが、体験的なシティズンシップ教育は学校教育だけでは限界がある。

東日本大震災の被災地では、ボランティア活動を通してシティズンシップを実践的に学ぶ機会が増えている。しかし、地域が抱える課題は被災者支援、防災・復興にとどまらない。地域産業の活性化、地域文化や世代間交流など、さまざまな市民活動に触れることもシティズンシップ教育だ。生活基盤である地域を暮らしやすく、元気にするために、市民はさまざまな活動を展開している。

だが、若者が市民活動と出会う機会はめったにない。市民活動は多岐にわたるが、性別にかかわりなく、あらゆる人々が気持ちよく暮らせる男女共同参画社会の形成にかかわる市民活動と若者の出会いの場づくりが、小規模ながらいま、仙台市で進められている。「若者のための市民活動体験――市民活動を「知る」「聞く」「体験する」」がそれだ。

能動的市民をつくる——「若者のための市民活動体験」の試み

地域と生活の能動的主体として、市民はさまざまな活動をしている。仙台市には地域の男女共同参画にかかわり、新しい地域を構築しようと活動を展開している市民活動団体（仙台市男女共同参画推進センターの利用登録団体）が約一〇〇団体ある。

男女共同参画の視点で、次世代の地域の担い手となる若者がこのような市民と出会うことは、若者にとっても地域にとっても重要である。また、若者が市民活動とその担い手である市民と出会うことは、地域を基盤とした世代間交流ともなり、若者にとっても地域にとっても、そして高齢化する市民活動の今後のためにも大きな意味をもつ。にもかかわらず両者が出会う機会はほとんどない。

「若者のための市民活動体験——市民活動を「知る」「聞く」「体験する」」は、そのような市民活動団体と若者が出会う場、市民活動のインターンシップの場づくりとして二〇〇八年度から始まった。この事業は、公益財団法人せんだい男女共同参画財団が主催し、実質的にはイコールネット仙台の若いメンバーが中心となって進められている。これまで筆者が所属する大学のほか仙台市内五大学の学生を対象に、仙台市男女共同参画推進センターの利用登録団体約一〇〇団体のうち、二〇～三〇団体が受け入れ協力団体となって実施されてきた。参加大学生は二〇一五年度時点で延べ七五〇名以上になる。

体験内容は、エコたわしなど、仮設住宅の女性たちが作成・販売している手作り品の作成体験、伝統的な郷土料理調理体験と郷土食文化をテーマにしたフリートーク、児童館での子どもへの本の読み聞かせや小学校校庭での子どもとの外遊びふれあい体験、子育て支援施設を利用する親子とのふれあい体験、多様な世代の女性の生き方をテーマにした交流、育児休業を取得した男性や女性との交流体験、性的マイノリティをめぐるフリートークなど多岐にわたる。

学生が一定期間企業などで就業体験をするインターンシップは一般的になった。インターンシップのメリットは、就職活動でのミスマッチを防ぐことにもあるが、学生が在学中に自らの専攻や将来のキャリアに関連した就業を体験することで、職業人としての基礎力を身につけることにも役立っている。将来の能動的市民、地域人となるための「市民活動体験」は、インターンシップの市民活動版ともいえ、シティズンシップ教育は広い意味でのキャリア教育の一環としても位置づけられる。

このような取り組みは即結果につながるものではないが、協力している大学教員の評価も高く、大学を越えて地域で次世代の市民力を培う試みとして今後の発展が期待される。

東日本大震災から五年が経過しようとしている今日、本書で紹介した女性たちの活動は、それぞれ新たなステージに入っていると同時に乗り越えなければならない課題を抱えている。その最大の課題は活動の広がりと後継者の養成である。市民活動の発展のためにも、あらゆる場における、新たなシティズンシップ教育と世代間の交流の場の構築が求められている。

4　若い世代にエンパワメントと参画の場を

ボーイズ支援は今後の課題

被災女性支援、ガールズ支援の重要性を指摘すると、被災男性支援、ボーイズ支援に関してはどうかと問われることがある。

東日本大震災の被災者支援では、女性に対する支援は、高齢者、障がい者、外国籍の人、妊産婦、子ども、性的マイノリティと並んで、多様性への配慮が必要な被災者に対する支援の根幹にあることとして語られたのであって、女性以外の多様性をもつ人々への支援を排除する形で、女性支援が語られることはまったくなかった。逆に女性支援は必ずと言ってよいほど、多様性への配慮が必要な人々への支援とあわせて語られてきた。男性を対象にした支援でも、たとえば、父子家庭の父親に対する支援はシングルマザー支援とあわせて取り組まれたし、仮設住宅暮らしの男性の孤立や孤独死を防止する取り組みなどは高齢者支援に取り組む女性たちが大きな力を発揮した。

また、被災後の避難生活をできるだけ快適に過ごすことや、心の癒やしのグッズを求める声は男性からはあまり聞かれなかったと第1部第2章で述べたが、ホンネでは男性も女性同様のニーズをもっていた。

一例として、『河北新報』に掲載されたエッセーをあげよう。

二〇一五年九月二八日「にじいろノート—いまどき男女平等」という連載エッセーで、公益財団法人せんだい男女共同参画財団・小野敏久さんは、アンアン特別編集『女性のための防災BOOK』(マガジンハウス、二〇一一年)に防災グッズとしてアロマオイルや文庫本が含まれていることを知り、それらは被災から回復するために大切なものだったこと、日常を取り戻すために必要なものは一人ひとり違うということが分かったと述べている。それに続いて、小野さんが暮らしていたアパートが地震で壊れ、大家さんから一カ月以内に転居するように言われ、仕事をしながら日々の生活を維持し、転居先を探さなければならなかったことで苛立つ気持ちをやわらげてくれたのは、携帯型音楽プレーヤーで聴く音楽だったと述懐していた。

小野さんは「もしあの時、音楽プレーヤーがなければ、私は震災後の日々を前向きに乗り切れなかったかもしれない」と、そのエッセーを締めくくっていた。あの時、気持ちをやわらげるものが必要だったのは男性だって同じだったのだ。

ボーイズのジェンダー問題――すべての人を大切にした支援へ

筆者は女子大に勤務していることもあって、ボーイズ支援という話は今回の震災のなかで体験的に見聞することはほとんどなかった。とはいえ、こだわりの小物を失ったり、性被害や虐待・いじめなど、被災したボーイズがボーイズ固有の困難を抱えたであろうことは想像に難くない。

かつて男の子には跡継ぎとしての地位が保障され、特権的な処遇がみられた地方の地域・家庭・職場・学校でも、いまやボーイズが男性であるという理由だけで優遇されることはなくなりつつある。

むしろ不安定雇用、不安定な生活環境、暴力被害、将来に対する不安など、女性と共通した困難に直面しているボーイズも増大している。被災後粗暴化・暴力化しているボーイズを見ると、ボーイズにもガールズの裏返しのジェンダーが見えてくるのである。

子ども・若者世代への支援が充分とは言えないなかで、ガールズ支援はそれを補ってガールズたちへ支援を届けていた。ボーイズ支援のなかったボーイズたちには、必要な支援が得られなかったことが想像される。

ガールズに対してはジェンダーに敏感な女性たちが支援を始めたところだが、ボーイズのジェンダー問題はまだ水面下に隠れている。女性学の誕生・発展に触発されて男性学が誕生したように、ボーイズ支援への取り組みがガールズ支援のボーイズ版、男性学の実践版として生まれるかもしれない。しかしあわせて、性的マイノリティも含め、子どもや若者に対する多様性に配慮した、しかも一人ひとりを大切にした支援が充実されなければならない。

東日本大震災発災時の恐怖、親や家族、友だちを亡くし、住み慣れた家や学校、遊び場を失い、避難所でがまんを強いられた体験は、子どもたちの心身に大きなダメージを与えた。

復興過程でも子どもたちはダメージを受け続けている。復興工事で増えた大型車両の交通量は登下校時の安全を危うくし、狭くなった校庭は思い切りからだを動かす充分な空間になりえていない。狭い仮設住宅や仮住まいの校舎でストレスはたまる一方だ。保護者や教職員も子ども以上に心身の疲労がある。おとなたちがそのような状況にあるなかで、子どもたちだけが健全でいられるわけはない。

一九九五年に発生した阪神・淡路大震災では、不登校や無気力などに陥った児童・生徒が震災三年後に最多になったという。今回の災害でも、子どもたちにPTSDや引きこもり、暴力などの状況が深刻に現れている。

被災当事者の若者がこれからの復興と社会を担う

傷ついているのは小さな子どもたちだけではない。若者たちも深刻な状況下にある。

看過できないのは、狭い仮設住宅で受験勉強もままならず、進学に必要な経済的見通しも立たず、家庭環境の激変のなかで進路変更を余儀なくされた高校生たちだ。被災した生徒や学生を対象に設置された民間企業や大学などの奨学金制度は、震災から三年が過ぎて新規募集を打ち切るケースが少なくなかった。

日本学生支援機構によると、奨学金を支給してきた団体の四割近くが二〇一三年度までに受付を締め切るか、制度自体を廃止したという。若者たちの希望する進路が絶たれることは、将来にわたって震災の傷跡を残すことになる。腰を据えた長期的スパンでの支援がなぜできないのか、社会の脆弱性に怒りを禁じえない。

被災地では、防災・減災や復興、まちづくりに小中高生が意見を述べる機会が増えている。震災当時の中学生、高校生も今は社会人や大学生になっている。子ども時代に体験した震災の状況をシティズンシップをもって語る、若い語り部を育てることも重要だ。

震災時子どもだった若者たちは、子どもたちを含む若い世代の災害時のニーズ、防災マニュアルに記すべき必須事項を身をもって知っている。これからの復興と社会を担う若者が、みずからの体験をもとに防災・減災に関してみずからの意見を社会に発信することは、若者という被災当事者が意思決定に参画するという点でも、若者が復興・防災のリーダーになる道を開くという点でも大きな意味をもつ。災害と災害後の苦難を生き延び、克服した、言わば災害サバイバーとして、若者たち自身が復興の担い手になる動きは、確実に子どもたち・若者たちの尊厳と人権を取り戻す一歩となる。

この世代の人権と尊厳は、閉塞した社会状況と貧困のなかで、震災前から侵害されてきた。その結果、少なくない子どもたち、若者たちが萎縮させられ、自暴自棄に追い込まれている。若者たちが社会の一員として発言し、力を発揮し、正当に評価される場がもっとあってよい。

このことは、若者たちが生きる力を取り戻し、やがては震災や社会から受けた傷を修復する力となると筆者は確信する。

注

（1）ワールド・ビジョン・ジャパン　ホームページより https://www.worldvision.jp

（2）小林純子「被災地の子どもたちに向き合う」（石井山竜平編著『東日本大震災と社会教育——3・11後の世界にむ

きあう学習を拓く』国土社、二〇一二年所収)。

(3) 暉峻淑子『社会人の生き方』(岩波書店、二〇一二年)参照。なお、『二〇一四年版子ども・若者白書』(内閣府、二〇一四年七月)では「子ども・若者の社会形成・社会参加支援」として「社会の一員として自立し、権利と義務の行使により、社会に積極的に関わろうとする態度を身に付けるため、社会形成・社会参加に関する教育(シティズンシップ教育)を推進することが必要である」と記されている。

また、大学家庭科教育研究会編『市民社会をひらく家庭科』(ドメス出版、二〇一五年)は、シティズンシップを生活者の視点を持った市民性と捉え、その意味でのシティズンシップ教育を担う科目として家庭科を位置づけている点で示唆に富んでいる。

第2章

女性たちのいまとこれから

1　被災女性の就業・雇用の復興

立ち遅れる女性の就業・雇用

序論で見たように、「人間の復興」の根幹は被災者の就業・雇用の復興である。東日本大震災後の就業・雇用は被災女性の抱えた困難の根底にあった。

厚労省によると、宮城県の二〇一五年三月の雇用保険受給者は、男性三〇一四人、女性四四九四人で女性は男性の一・五倍である。震災前の二〇一一年二月は男性五四五五人、女性五六〇七人であるから、震災後女性の雇用保険受給者は男性より割合が大きくなっていることがわかる。

失業手当の給付期間を考えると、男性に比べ、かなり高い割合で女性が被災後の退職を余儀なくされ、再就職できず、失業状態にあることが推測される。また、女性は男性よりも、非正規雇用の割合が高く、雇用保険に加入していない状態で働いている場合も多いことを考えると、この数字以上に就業・雇用面で困難を抱えた女性がいることが推測される。

震災で多くの離職者が出た沿岸部では、有効求人倍率は上昇傾向にあり、被災地の水産加工や建設、介護関連業者は人手不足の状況にある。しかし、女性の雇用・再就職は思うように進んでいない。

その第一の理由は、ハード面の復旧・復興が優先され、土木・建築・製造関係の求人は増えているが、震災以前に女性が働いていた企業が本格的な活動をなかなか再開できない状況にあり、女性が希望する業種・職種の求人は増えていないこと、また、非正規雇用、短期雇用が多く、給与や勤務地などの雇用条件があわないこと、中高年女性の新規雇用は困難なことである。

第二は、仮設住宅からのバスの本数が少ない、通勤に必要な運転免許がない、運転免許は持っていても車がない、車があっても一台しかない場合は夫が通勤に使ってしまうので妻は利用できない、居住地が定まらないと現在ある求人に応じられないなど、不安定な居住環境との関連の問題である。

そして第三は、福祉施設が被災し、不足しているため、子どもや介護が必要な高齢者がいると仕事探しもできない、生活環境の立て直しが優先され、本格的な仕事探しをする時間も気力もなく、次第に就業への意欲が衰退していることなど、性別役割分業が復活した問題である。

こうして被災地では、家計が困窮しているにもかかわらず、働きたくても働けない女性が増えている。災害はとりわけ女性から職を奪い、女性の貧困と困難を加速化している。

ここで注目すべきは、働きたくても女性には交通手段がないこと、そして女性の多くが転居を伴わない勤務地を求めていることである。求人があるだけでは女性の雇用の復興は実現しない。

震災が問うワーク・ライフ・バランスの意義

仕事と生活の両立は今日、ワーク・ライフ・バランスとして重要な政策課題に掲げられている。国が策定した第四次男女共同参画基本計画（二〇一五年一二月閣議決定）でもワーク・ライフ・バランスは随所で掲げられている。ワーク・ライフ・バランスは、家庭責任を果たすことが可能な労働の実現のために国際的に追求されてきたもので、わが国では少子化対策や男女共同参画を形成するさいの取り組みとして導入され、二〇〇七年に官民一体となって「ワーク・ライフ・バランス憲章」が策定された。

ワーク・ライフ・バランスが課題となった背景には、長時間労働が常態化し、生存に必要な生活時間の確保が損なわれてきた状況がある。このため、ワーク・ライフ・バランスは労働時間の見直しや、非正規雇用などの雇用政策の全般的な改革に関わるものとして雇用領域の施策としてとらえられている[(1)]。

今回の災害で、女性は災害リスクを軽減するために多くの役割を担い、回復力、緊急時に相互扶助の担い手として活躍する力、復興のプロセスでは、復興の主力となる力を持っていることが実証された。しかし、災害時に「女性の活用」だけが強調されることはあってはならない。今回の災害でも、さまざまな場で性別役割分業が強化され、その結果女性の二重負担が増大し、被災以前からみられた女性の貧困と困難がより深刻になった。

災害時における男女共同参画視点の重要性という場合、「女性の活用」と併せて、性別役割分業の克服、意思決定への参画、女性の二極化と分断をうむ格差の是正、そして困難を抱えた女性に対して有効に働くワーク・ライフ・バランスのための環境整備が必要である。

戦後わが国は、利潤と効率追求のために、「男は仕事、女は家庭」という性別役割分業で仕事と生活を分断し、生きることの豊かさを切り崩して経済発展を遂げてきた。しかし、生きるということは生活と仕事を切り離しては成り立たない。

戦後と震災後を生きる女性たちの強さと豊かな力の原動力は、仕事と生活を一体のものとして求めてきたところにある。仕事と生活をまるごと取り戻すための視点を根底においたワーク・ライフ・バランス施策が必要である。

震災は、ワーク・ライフ・バランスが、もっと深い意味で認識され、施策領域も見直されなければならないことを私たちに問いかけた。

一つは、ワーク・ライフ・バランスを実現するには労働領域とあわせて生活領域の整備が必要だということである。被災者にとっては、居住地と勤務地との距離関係、交通手段など、地理的・空間的な条件も重要である。また、生活の基盤である居住地が不安定・確定されていないと職場を決めることができない。その意味では、居住権の確保、そして育児や介護などのケアサービスや地域コミュニティなど、社会環境の整備がワーク・ライフ・バランスの実現には必須である。

もう一つは、防災、復興にとってのワーク・ライフ・バランスの意味である。震災後、被災地ではどこでも、ワーク・ライフ・バランスなどといってはいられない状況が見られた。しかし、第1部の自治体職員の実態からも明らかなように、働く者が自身の生活の復旧・復興に専念する災害休暇の設置など、被災地のワーク・ライフ・バランスを確保する取り組みがなされれば、被災者の心身の健康はこれほどのダメージを受けずにすんだであろうし、それはまた災害からのすみやかな「人間の復興」につながったのではないか。

被災地では地域の防災力を養成するための取り組みが活発になされている。女性、若年層のみならず、職場で働く者が地域の防災力を担うための取り組みも必要である。しかし災害時のワーク・ライフ・バランスなしには、そのようにして身につけた防災力を地域で生かすことはできない。災害時の実効性あるワーク・ライフ・バランス政策が必要なゆえんである。

2 新たな地域コミュニティを創る

地域コミュニティは、災害が発生するたびに災害時の共助の主体として大きく注目されてきた。

序論で紹介した関西学院大学災害復興制度研究所の「七つの配慮」では、五番目に「コミュニティの継続性への配慮」が掲げられている。この配慮は「七つの配慮」の一番目の「被災地の自決権への配慮」と結びついており、被災地域の主体が形成されることによって真価が発揮される。

世帯主意識から抜け出せない地域コミュニティの歴史と現状

わが国の地域コミュニティ組織は、生活の基盤となる地域をともにする自然発生的にうまれた集落や、人為的に居住をともにする集合住宅をベースに結成され、町内会、自治会、行政区といった地域単位の団体として存在している。地域コミュニティが維持されるには、防災や防犯・防火といった共同体にとって必要な労働だけでなく、地場産業や地域文化・年中行事、医療・福祉・教育などが必要である。

戦前の町内会は、前近代的な共同体の組織原理のもとに、軍国主義と天皇制国家制度の強固な基盤として機能していたために、戦後ＧＨＱは、軍国主義の基盤の解体の一環として、地域婦人会の設立を禁止したのと同様に町内会の廃止を命じた（一九四七年）。このことは地域コミュニティの自発的・民主的な発展を大きく制約させることとなった。しかし、地域コミュニティは生活するうえで必要不可欠な機能を持っている。このため、サンフランシスコ講和条約締結の後（一九五二年）、町内会は解禁されると次々と結成された。

こうしてつくられた町内会は、行政と密接な関係にある。町内会の活動には、広報などの文書類の配布や連絡事務、各種募金や各種調査の依頼、ごみ収集委託といった行政協力活動（行政協力委員を置く）があるが、このほかに各種委員の推薦がある。後述の仙台市の防災リーダー養成講座に参加するための、各区の連合町内会長協議会からの推薦はこれにあたる。また、地元の同意や協力を得る必要がある際に町内会長がこれを代表するという、地域の統括機能を利用した業務もある。

こうして作られた町内会の多くは、旧来の共同体原理を色濃く残し、世帯単位で家族を取り込んでいたため、家庭内の女性の無権利状態が町内会においてもそのまま導入されることとなった。町内会は任意団体とはいえ、半強制的な全員加入組織であり、行政の下請け機関となり、町内会の幹部役員は行政と結びついた特権的住民となって、他の住民との間に乖離をうみだすなど、地域コミュニティとしての発展を困難にする側面を強めた(2)。

町内会は、高度経済成長のなかでの人口の流動化、戦後二次にわたる市町村合併（一九五三年の町村合併促進法公布による昭和の市町村の大合併と一九九五年の合併特例法に始まり、二〇〇五～〇六年にかけてピークを迎えた平成の市町村合併）と日本列島改造論や地方解体の政治戦略のなかで、地方の衰退と同時に形骸化が進み、地域コミュニティの衰退が進行した。今日町内会は全国津々浦々に三〇万以上あると言われているが、単身世帯化と高齢化が町内会の形骸化と地域コミュニティの衰退に拍車をかけている。地方と地域コミュニティに関する戦後政策の反省なしに地方再生はありえない。

3 「女性のための防災リーダー養成講座」

町内会は、高齢化など多様な要因から衰退の方向にあるが、他方、新興住宅地には自治会が結成される一方、公害・環境問題などを契機として住民運動が盛んになると同時に町内会の役割にも注目が高まった。とりわけ自然災害がふえるなか、防災・復興のなかで町内会の位置づけが再び注目されている。

仙台市では二〇一四年、市内一三九五町内会を対象に初めて町内会の実態調査が実施された。それによると、高齢化と住民の関心の低さから、七割の町内会で後継役員が不足しているとの結果が出ている(3)。

そうしたなかで、震災を契機として、これまで男性中心だった地域コミュニティに女性の地域のリーダーが誕生している。

その背景にあるのは、震災で地域防災に女性の力の重要性が明らかになったこと、女性自身が地域防災の力を身につけ、女性のリーダーが育ったことである。もとより、世帯単位で構成される町内会・自治会など、これまで男性主導で運営され、女性は世帯主男性の代理にすぎないと考えられていた地域コミュニティで、女性リーダーが受け入れられるのはそれほど容易なことではない。地域コミュニティで、女性リーダーを受け入れるようになったのには、女性視点での防災力の向上と地域における男女共同参画を進めようという取り組みがあった。ここでは仙台市のケースとして、「女性のための防災リーダー養成講座」の取り組みを紹介する。

被災女性支援に取り組んだイコールネット仙台は、支援の取り組みの実践から、地域に防災力をもった女性リーダーの必要性を実感し、被災から二年経った二〇一三年から女性防災リーダーを養成する取り組みを開始した。二〇一三年度から三年間で、一〇〇名の女性防災リーダーの養成を目的として開催された「女性のための防災リーダー養成講座」がそれである。

第一期の二〇一三年度には二四名が受講し、講座修了後受講生は、それぞれの地域にもどって、防災講座や子ども防災教室の開催、避難所づくり体験、防災カルタの作成などユニークな取り組みを展開すると同時に、「せんだい女性防災リーダーネットワーク」を結成し、定期的に意見交換を続けている。

第二期の二〇一四年度は、「防災・復興と男女共同参画」「仙台市地域防災計画を知ろう」「震災で何が起きているか―DVと児童虐待」「大震災からみる障がい者の生活とその支援」「災害時、こんなときの対応は…ワークショップ」をテーマに開催された。

仙台市では、地域の防災力の向上のために二〇一二年度から「地域防災リーダー養成講座」を始めた。講座の講習カリキュラムは、自助・共助の活動支援、リーダーの役割および地域との連携についての基礎知識、自分の住んでいる地域の特性の理解、地域の特性を踏まえた防災マップの作成、地域防災力診断、常日頃備えておく技能（避難誘導、初期消火、救出・救護等）の実践訓練、自主防災組織の機能を高めるための活動（自主防災計画づくり、災害時要援護者の避難支援、さまざまな防災ゲームの紹介）、東日本大震災の経験や避難所生活の体験談の見聞、避難所運営の基礎知識などの講義・実技などで、これを二日間かけて学習する。

講習修了者には「仙台市地域防災リーダー（SBL＝Sendaishi Chiiki Bousai Leader の略）」の資格を認定し、仙台市地域防災リーダー（ＳＢＬ）認定証および地域の防災活動で使用するためのオリジナルヘルメット、ビブス（ベスト）が提供される。市は二〇一五年度までに市内一一三連合町内会に計六〇〇名の養成を目指し、二〇一四年現在三九二名がＳＢＬの認定を取得し、地域の防災訓練などで活躍している。

しかし、この講座の受講生になるには、各区の連合町内会長協議会からの推薦が必要であり、自治会長の推薦を受けるのは圧倒的に男性だった。そこでイコールネット仙台は、女性が講座に参加できるように、受講生の募集に公募枠を設けるように求めた。イコールネット仙台が主催する「女性のための防災リーダー養成講座」（全五回）の修了生のなかには、仙台市の「地域防災リーダー養成講座」に公募枠で申し込み、SBLを取得して地域で力を発揮している女性も少なくない。

また、この講座には仙台市外や宮城県外からの参加者もいて、取り組みは仙台市を超えて広がり、二〇一四年度は登米市でも市と共催で男女共同参画講座の一環として同様の講座が開催された。また、岩手県陸前高田市では、イコールネット仙台が協力し、特定非営利活動法人まぁむたかたが主催して、同様の講座が開催された。二〇一五年度にはさらに広がり、塩竈市、利府町、石巻市、岩沼市でも、同様の講座が市や女性団体との共催・後援で実施された。

防災・復興力を身につけた女性たちが実際に地域で活躍するには、女性リーダーが地域で受け入れられることが必要だ。女性が主体的に力を発揮できる場ではなかった地域は、こうして震災を契機に確実に変化を見せている。

4　女性の参画で地域コミュニティの再構築を

「女性と防災せんだいフォーラム」から

二〇一四年一一月二一日から四日間、第三回国連防災世界会議in仙台「女性と防災テーマ館」のプレ企画として、「女性と防災せんだいフォーラム」がエル・パーク仙台で開催された。その最終日に、NPO法人イコールネット仙台とせんだい女性防災リーダーネットワークの共催で開催された「災害から地域を守る～防災・復興に女性の力を～」には一五〇名を超える市民が集まった。

パネリストの二名の自治会長からは、女性防災リーダーを中心に地域防災が活発に取り組まれていること、子育て真っ只中の女性たちが自治会役員となって、防災に限らず多面的な自治会活動を担っていることが報告された。

被災地では、地域コミュニティを根底から捉えなおす取り組みが必要だということが、大きな課題として見えてきた。これをクリアするには、地域防災という地域の最重要課題を中心に据えた、多様な団体との連携と創意工夫が必要である。戦後日本の地域の強靭な岩盤にくさびを打ち込むような取り組みが、いま着実に進められている。

地域コミュニティ再生の動きは東日本大震災の被災地に限らない。岐阜県本庄まちづくり協議会会長の井上いほりさんは、女性ならではの視点を生かした自治会活動やまちづくり活動、高齢者や障がい者などへの支援および地域防災体制づくりを精力的に展開し、二〇一二年度内閣府の「女性のチャレンジ賞」特別部門賞（防災・復興）を受賞した。

彼女は地域で高齢者福祉の活動を行なっていたが、自治会長になり、さらに本庄市の自治会の連合会長になった。地域の小学校の体育館で避難訓練が実施されたとき、高齢者が車椅子で参加した。ところが車椅子で利用できるトイレが二階にしかなかった。参加者が協力して車椅子を二階まで運び上げ、事なきを得たが、当の高齢者は大変申しわけながっていた。

そのことがきっかけで、小学校に車椅子でも入れるトイレをつくるよう市に要求し、実現した。その高齢者は話を聞いて大変に喜び、来年の避難訓練にも参加すると言っていたと、井上さんはある講演会で語っていた。

彼女は女性が地域のリーダーになることの必要性を訴えたが、同時に、「連合会長という大きな桃が流れてきたとき、わたしは桃を拾うことにした」と語り、女性がリーダーになるには、チャンスを生かすことの重要性と女性同士の連携支援の大切さを指摘した。

女性議員が地元議会を変える

実際、第四次男女共同参画基本計画によると全国の自治会長の女性比率は四・九％（二〇一五年）にすぎず、民間企業の課長相当職（九・二％、二〇一四年）、大学教授（一四・四％、二〇一四年）、市町村職員の本庁課長（八・五％、二〇一五年）よりも低い。自治会の中心はまだ男性中心である。地方議員の状況も同様の傾向にある。地方議員の女性比率は一九七〇年代の一％から徐々に増えてはいるものの、現在でも一一・七％だ。二〇一五年一月現在、全国の地方議会一七八八のうち、二割強にあたる三七九の市町村議会に女性が一人もいない。わけても九州や東北では女性議員は少ない（女性ゼロ議会の割合は、青森県五一・二％、福島県四一・七％）[4]。

女性は家事の負担や妊娠・出産・子育て、介護の負担が大きく、このような事情を抱えている女性が議員に立候補しようとしても、周囲からは「家事も育児も介護もせずに議員になるなんてとんでもない」と言われることが多い。夫や仲間が背中を押してくれても、「子どもがかわいそう」「介護を必要としている親がいるのに」と親族や周囲の声があり、なかなか立候補できない現状がある。

仕事と家庭の両立は社会的に受容されるようになってはきたが、地域の政治活動と家庭の両立はまだまだ認知されていない。

「女性議員がどんどん質問するから、男性も質問するようになった。根回し政治から本音を言い合う議会に変わった」——当然視されていた慣例が女性議員の指摘で変わったところもある。宮城県加美町で議員二〇人のうち唯一の女性議員は、初当選後の二〇〇九年、女性職員が議員にしていたお茶だしに疑問をもった。提案を続け、議員が自分でお茶を入れることになったそうだ。(5)

こうして女性議員が出ることによって、地方の議会も変わっていく。

女性が地域のリーダーとなり、意思決定の場に加わることで、地域や自治会、議会も変わる。防災・復興力を含めた地域力の底上げのためにも、地域での男女共同参画の形成が求められる。

注

(1) 労働政策研究・研修機構『ワーク・ライフ・バランスの焦点—女性の労働参加と男性の働き方』労働政策研究研修機構、二〇一二年。
(2) 岩崎信彦・上田惟一・広原盛明・鰺坂学・高木正朗・吉原直樹『町内会の研究』御茶の水書房、一九八九年。
(3) 仙台市「仙台市町内会等実態調査の概要」二〇一五年二月。
(4) 『平成二七年版　男女共同参画白書』内閣府編　二〇一五年六月。
(5) 『朝日新聞』二〇一五年二月二三日。

［終］

震災から戦後史を振り返る

東日本大震災における被災者支援、復旧・復興の過程で明らかになったのは、わが国は災害大国でありながら、災害に対してきわめて脆弱な国だということだった。これまで七〇年間の「戦後復興」の到達点として今日の日本社会があるとするならば、東日本大震災で浮かびあがった日本社会の災害に対する脆弱性は、戦後七〇年の歩みのなかでつくられたものと考えられる。

戦後七〇年のどこで震災からの脆弱性がうまれたのか。最後に、今後さらに続くであろう東日本大震災からの「人間の復興」の実現をめざすにあたって、女性の視点から戦後日本を概括し、災害に強い国・コミュニティを構築するには何が求められるのかを考察する。

1　住まいの復興と居住権

住宅再建はつねに最重要課題

住宅の復興は「人間の復興」の根幹の一つである。それは震災からの復興と同様に、第二次世界大戦からの復興においても最重要課題だった。大戦直後の日本では全国で四二〇万戸の住宅が不足していたと言われ、一九五六年の『経済白書』で「もはや戦後ではない」と明記された後も長期にわたって、バスや市電の車両が住宅に転用される状況が見られた[1]。

政府は、一九四五年直ちに住宅三〇〇万戸建設五ヵ年計画を発表し、持ち家を取得する資金を援助するために一九五〇年住宅金融公庫を発足、住宅困窮低所得者に対して賃貸住宅を提供することを目的として一九五一年公営住宅法を公布、また、都市部の勤労者向け集合住宅の建築を目的として一九五五年に日本住宅公団を設立し、一九五六年公団団地第一号を大阪に完成させた。

しかし高度経済成長を経るなかでわが国の住宅政策は持ち家政策へとシフトし、居住権を確保するための社会福祉政策から、住宅を私的財産ととらえ、商品として売買するものだとする経済政策へと移行していった。こうした持ち家政策の対象となったのは、頭金を準備できかつ高額な住宅をローンを組んで購入できる、将来にわたって安定して所得が期待できるいわゆる中流階級であった。一方で、頭金もなくローンを組むこともできない低所得者層は、民間の木造アパートや木造共同住宅などの劣悪な住宅での生活を余儀なくされた[2]。

いのうえせつこ氏は、著書『地震は貧困に襲いかかる』のなかで、阪神・淡路大震災では、「直接死」の八八％

が家屋の倒壊による圧死・窒息死であり、一〇%が焼死だったこと、倒壊した家屋のほとんどは木造アパートや「文化住宅」と呼ばれる老朽木造家屋だったこと、そしてこれらの住宅で暮らしていたのは、年金暮らしの高齢者や学生、生活保護世帯、障がい者、外国人などの低所得者で、その多くは女性だったこと、その結果阪神・淡路大震災では女性の犠牲者が男性より一〇〇〇人以上多かったことを指摘している[3]。

早川和男氏もまた『居住福祉』[4]のなかで、「震災（阪神・淡路大震災―引用者）の犠牲は、戦後の住宅土地政策、都市計画、建築行政のつけであった。老朽化した低水準住宅、狭小過密住宅を国土に累積させ、地震を通じてその実態を目に見える形であらわした」、つまり、多くの犠牲者を出した住宅の脆弱性は戦後日本の住宅政策にあったと指摘している。

東日本大震災では、被災三県の犠牲者の九割が津波による溺死であったこと[5]、過疎化・高齢化が進んだ地域だったこと、圧倒的に地方の人口減少地域であったことなどから、阪神・淡路大震災とは異なった状況が見られる。また、大規模な被害と復興までの道のりの長期化により東日本大震災では阪神・淡路大震災以上に、避難所、仮設住宅、復興住宅、宅地不足など、住宅復興の各プロセスでの諸問題が深刻化している。公的住宅の再建が進まないなかで、自力で自宅を再建する人がいる一方で、老朽化した仮設住宅を出られず五度目の正月を迎えようとしている被災者も多く（その多くは高齢者である）、住宅復興における格差は拡大している。

田中聡子氏は、「住宅が市場原理にゆだねられると、その達成の程度は必要に応じてではなく、所得能力に応じて決まることになる。住宅は財産として認識されるようになる。貧困と格差が広がっていく。」と指摘しているが、これは震災後の状況にそのままあてはまる。今日では震災前から、戦後の住宅政策の結果、ホームレス、ネットカフェ難民など、安い住宅さえもてない「住宅喪失者」が生まれていた。住宅は個人の財産であり個人の問題と捉えてきた戦後の住宅政策の根本的な見直しが必要である。

新しい住まい方の登場——大塚女子アパートメント、公営コレクティブハウジング

他方、過去の大震災では、新たな住居・居住のあり方が模索された。一九二三年の関東大震災後の首都圏では、家計維持のために働く未婚の女性が急増した。東京市社会局は一九二四年、「職業婦人に関する調査」を実施し、一九三〇年同潤会が独身の職業婦人のための「大塚女子アパートメント」を建設した。このアパートは、二〇〇三年都市再開発のため取り壊されるまで、シングルとして生きる自立した女性の生活の拠点となって、戦後も長く活用されていた(6)。

また、阪神・淡路大震災の後には、日常生活のなかで自然な形で隣人たちがふれあって暮らせるような住まい方をめざした住宅が被災地に誕生した。全国初の公営コレクティブハウジングがそれで、一九九七年から一九九九年の三年間に、神戸、宝塚、尼崎に計三四一戸が建設された(7)。

東日本大震災では、福祉避難所、コミュニティスペースのある仮設住宅、仮設市場など、避難所や応急仮設住宅の改善や創意工夫が一部ではあるが見られた。しかし、復興住宅については集団移転をめぐる住民の合意形成や宅地不足などから建設が大幅に遅れている。その結果、長期化する仮設暮らしのなかで、老朽化した仮設住宅での健康問題、仮設住宅の集約化に伴う諸問題、コミュニティの再再建、経済的理由から集団移転が困難な高齢者や貧困者の問題など、深刻な問題が次々と発生している。

地方の特性と被災者一人一人の意向を踏まえ、戦後の住宅政策を超えた「人間の復興」の一環としての住宅政策に基づく住宅復興が求められる。

2　経済政策としての高度経済成長期の家族政策

住宅が商品となり、一大市場が形成されたのは、戦後復興の集大成と位置づけられる高度経済成長期であった。高度経済成長期は住宅の商品化・市場化だけでなく、生活のありとあらゆる領域が商品となり、市場経済に取り込まれ、わが国独特の企業社会の基盤が形成された時期であった。それは国土と国民が経済システムに取り込まれることを通じて、地方と家族が大きく変貌した時期でもあった。

戦後復興において重視されたのは、まずはなによりも経済力の回復であって、これを達成するために、「一億総動員体制」がとられた。戦後復興のための「一億総動員体制」は、経済の場だけではなく生活の場、家族をも包括するものであった。そのようにして官民あげてつくられたのが、外で働いて家族の生活費を稼ぐ夫と、家庭内の一切の仕事を引き受ける妻で構成された近代的性別役割分業家族、「経済システムのサブシステム」として機能する片働き家族であった。

企業が推し進めた家族丸抱え制度の数々

一九六〇年代、企業はまず年功序列型賃金制度と終身雇用制を確立し、「世帯主」である夫に、妻子を養う稼ぎ手としての身分を保証するという形で家族政策を開始した(8)。

次に企業は、家族手当、住宅手当、寒冷地手当などの諸手当制度、疾病や結婚、出産、災害などの際に多種多様な貸付金、祝い金、見舞金をだす共済制度を整備した。それだけではない。住宅ローン制度や社宅制度、水道料金や電気料金に対する補助金制度、社員の子どものための教育ローン制度などを整え、東京の大学や予備校に通う子どものための寮、家族のための保養所などを設置し、家族そろって参加できる旅行や運動会、観劇会、花見を開催するなど、社員の家族を対象とした福利厚生制度、さらには、結婚式や葬儀には社員がこぞって手伝うインフォーマルな互助的制度までつくりあげた。

これらの諸制度は、社員自身に企業への帰属意識をもたせ、定年まで同一企業に定着させること、および労働組合運動対策を主たる目的としていたが、あわせて、社員の家族を管理することを視野に入れたものであった。すなわちこれらの制度は、第一に、家族に中流意識をもたせる生活を保障することで、夫自身に「家族の幸福の大黒柱」としての自覚をもたせること、第二に、家族にも企業への帰属意識をもたせ、家族一体となって企業に忠誠心をもたせること、そして第三に、夫が安心して存分に働けるような「暖かいマイホーム」をつくるべく妻を管理することを目的としたものであった。

この時期、多くの企業で社内報の家庭版が作成され、主婦の座談会や投書、子どもの感想文などが掲載されたが、その内容の多くは、バラの手入れやホームパーティの開き方などの「豊かなマイホーム生活」の紹介と、その「豊かなマイホーム生活」を経済的に支える「モーレツ（猛烈）に働く夫」が十分休養できるような「暖かい家庭」をつくる妻の「あるべき姿」の紹介と奨励であった(9)。

一九六四年にだされた日経連の文書には、「女性は良き妻、良き母として家庭を生かし子女を育成し、夫を活躍させてこそ、その社会的責任を果たしているといえる。一個の独立した人間としてのみ十人並みを自負しても、妻の座や母の座の責任を尽くすこともなく人生を終わっては、人間として社会的義務を果たしているとは、見ることができない」と書かれているが、ここにもそのことが典型的に示されている(10)。

このように、高度経済成長期をとおして企業は、「モーレツ社員」の夫と家事育児に専念する家庭的な妻の組み合わせによる家族の形成を、制度的にもイデオロギー的にも推進したが、その一方で、安上がりでフレキシブルな労働力を大量に必要としていた。

日本型経営を支えた妻・女性労働者

そのような労働力として企業が着目したのがポスト子育て期の既婚女性だった。彼女たちは上昇する生活費と子どもの教育費を補うために、女性フルタイマーの七割という差別的な低賃金にも甘んじて働き、しかも雇用の調整弁となって企業の求めに応えた。

その結果、七五年にはそれまで下降していた既婚女性の就業率は上昇に転じ、七〇年代頂点に達した専業主婦率は下がり始めた。今日の既婚女性のもっともオーソドックスなライフスタイルであるM字型ライフサイクルは、「世帯主」の夫を労働力の中軸として活用する一方で、子育てに一段落した妻をパートタイマーとして活用するという、雇用の場での性別役割分業システムとして、企業の側のニーズからつくられたのである。

以上見てきたような企業の家族政策は、家族を利潤追求の手段として多面的に利用することを目的としたものであって、女性の社会進出を目的としたものではなかった。この時期、女性の高学歴化と社会進出が進み、女性の側からの労働力化が内発的に進行し、結婚・出産後も働き続ける女性が増大したが、女性が男性と対等に働き続ける生き方は、企業が求める女性の労働力化とは異なるものであった。夫婦が対等の立場で働く共働き家族は、企業が求める家族のあり方ではなかったのである。

そこで企業は働く女性に対して、家庭で出産・育児・家事を引き受けさせるために、若年退職制、結婚退職制、出産退職制といった早期退職制を導入し、退職を強要する一方で、それでも職場に残って働き続ける女性に対しては、男女別賃金制度や住宅手当や家族手当の支給から女性労働者を除外するなどの差別的待遇を行なった。[11]
この意味では、高度経済成長期の雇用の場における女性労働者を差別する諸制度もまた、企業のもうひとつの家族政策であった。

企業によって作りあげられた性別役割分業家族は、高度経済成長に寄与しただけではなかった。周知のように日本経済は、七〇年代の世界的な経済不況を驚異的に乗り切り、先進各国から注目を浴びた。性別役割分業家族は、この不況からの立ち直りにおいてもきわめて重要な役割を果たした。

家族すなわち既婚女性たちは、夫である「死ぬほど働き続ける企業戦士」を叱咤激励し、家庭という「経済戦争の銃後」を守り抜く一方で、次世代の有能な労働力を製造すべく、子どもたちを「受験戦争」に駆り立て、さらにその合間には、低賃金かつフレキシブルなパートタイマーとして経済戦争の前線にも出撃した。彼女たちの働きなしに七〇年代の奇跡は起こらなかった。まさに女性は「千手観音」の働きをしたのである。[12]

一般に七〇年代の不況を乗り切った力は「日本型経営」だといわれているが、これまで見てきたような企業の家族政策もまた、終身雇用、年功賃金、企業別組合と並んで、「日本型経営」を特徴付けるものということができよう。

3 「日本型福祉」政策としての家族政策

家族が福祉の「含み資産」に

こうした家族政策は、迫り来る高齢化をめぐる社会福祉政策と表裏一体の関係にあった。[13]

わが国の高齢者問題が初めて本格的に国政の課題として捉えられたのは、一九六八年だった。一九七三年、先進福祉国家を手本にしてわが国でも「福祉元年」が発足し、福祉国家路線がスタートした。しかし、同年のオイルショックに始まる経済不況により、始まったばかりの福祉国家路線は見直しを迫られ、七〇年代末には、福祉国家を否定する「日本型福祉社会」へと政策は転換された。

「日本型福祉社会」という言葉を政策用語として初めて用いた経済企画庁の「新経済社会七ヵ年計画」(一九七九年)では、「個人の自助努力と家庭や近隣社会等の連帯を基礎とし」た「いわば日本型ともいうべき新しい福祉社会の実現」、つまり「日本型福祉社会」が目指され、「公と私がそれぞれの役割と機能を適切に果たすことが期待され」ることとなった。こうして、一九七〇年当初には「福祉政策の対象」と位置づけられていた家族は、一〇年も経過しないうちに「福祉における含み資産」＝「福祉の担い手」へと一八〇度異なる位置づけを与えられることとなった。

「家族が福祉の担い手」だということは、正確に言えば、「既婚女性が福祉の担い手」だということである。ここから、育児や老親の介護に果たす主婦の役割を強調した政策、つまり性別役割分業にもとづく家族を創出する政策が福祉政策の側からも推進されることとなった。この時期以降、政府の文書には「母親のプロ意識」や「専業主婦の自信と誇りの確立」という言葉が頻繁に見られるようになり、八〇年代に入ると、配偶者の法定相続分の引き上げ(一九八〇年)、贈与税の配偶者特別控除(一九八五年)、国民年金における被扶養の配偶者の保険料免除(「第三号被保険者制度」)と遺族厚生年金比率の引き上げ(一九八五年)、所得税の配偶者特別控除(一九八七年)など、いわゆる「専業主婦優遇策」が矢継ぎ早に整備されていった。(14)

家族依存の社会福祉政策が生活領域の弱体化を招く

一般に社会福祉の分野からの家族政策は、二つの方向をもっている。一つは、家族の自助の限界を認め、家族機能の社会化を推進する方向であり、もうひとつは、従来の家族固有の機能とされていた諸機能を、家族内部で維持することを目的とする方向である。前者は女性の自立を促す方向の政策であり、後者は女性を「妻・母・嫁」として家族役割に閉じ込める性別役割分業強化の方向の政策である。福祉大国といわれる北欧諸国の家族政策はいずれも前者の典型である。これに対し七〇年代後半に「日本型福祉社会」として登場したわが国の家族政策は、明らかに後者の意味を持っていた。

しかしながら、国が舵を切った「日本型福祉社会」路線は、経済システムに取り込まれた結果としての女性と家族の変化のなかで、直ちに見直しを迫られた。一方においては、国際的な動きと連動した女性の人権意識の向上、他方においては高度経済成長に伴い、核家族化の進行と小家族化、サラリーマン世帯の増加などの結果として生じた家族の生活保障・相互扶助機能の弱体化である。

こうしたことから「日本型福祉社会」路線はスタート時点から破綻が明らかとなり、見直しを迫られることとなったわけである。しかし、だからといって福祉国家路線が復活したわけでもなく、社会福祉予算が増額されたわけでもない。

一九八一年、「肥大化」した行財政の見直しと「増税なき財政再建」のための方策を検討するため、臨時行政調査会が設置され、一九八五年度には社会福祉施設の措置費の国庫負担割合を削減する措置がとられるなど、臨調行革路線による福祉予算の削減が進められた。そこで、一九八〇年代後半には、福祉サービスの多くは国から地方自治体への移管が進められると同時に、「多様な形のサービス」という民間サービスやボランティアが強調され、公的部門をできるだけインフォーマル部門へ移行した「新・日本型福祉社会」政策がとられるようになった。[15]

とはいえ、「新・日本型福祉社会」政策の基本は家族・女性に依存した福祉であり、「多様な形のサービス」の担い手も中核は女性であった。つまり形は変わっても女性は社会福祉の担い手として位置づけられたことに変わりはない。「男は外で働き、女は家の中で家事・育児」という性別役割分業が、高度経済成長期を経て「男は外で働き、女は家で家事・育児もするし外でも働く」という新・性別役割分業に変わっていったと同様に、ケアに関しても「女は家の中でもケアを担い、家の外でもボランティアや低賃金のケアワーカーとしてケアを担う」という「新・日本型福祉」へと移行していったのである。

東日本大震災の多くの被災地では、ケアは女性が家庭でも地域でも担うものだという意識が強く、震災で社会的なケアサービスが解体された状況下で女性が一手に引き受けることになったのは必然であった。

高度経済成長期を通じて確立し強化された性別役割分業家族は、一方で一九七〇年代の低成長と経済危機を乗りきる力となり、他方で「福祉における含み資産」として高齢化に伴う福祉課題を乗り切る力となってわが国を支え、絶大な力を発揮した。しかし、こうした企業ぐるみ・国ぐるみの性別役割分業強化の家族制策は、家族と女性、さらには地方の疲弊を招き、さまざまな深刻な家族問題をもたらし、生活領域の根底的な弱体化を引き起こしている。災害時のリスクに対する脆弱性はこのことと無関係ではない。

4 経済復興の帰結としての地方の衰退

地方経済の意思決定の場に地方の当事者を――地域経済力、生産力の再生と地域力の再建

二〇一四年、学識経験者からなる「日本創生会議」（座長・増田寛也元総務相）が、子どもを産む中心世代の二〇～三〇代の若年女性の人口が二〇四〇年までに半減する市区町村を消滅可能性都市とし、全国市町村の半数が二〇四〇年には消滅するかもしれないとの予測を発表した(16)。

被災地の多くの自治体では震災前から人口減少の傾向にあり、あわせて高齢化、過疎化、経済衰退の方向にあったが、こうした傾向が被災以後加速化している。しかし、地方衰退の根本的な要因を真正面から問うことなしに、結果としての一つの現象に過ぎない生殖世代の女性の人口の減少に焦点を当てて、地方衰退を論ずることには大きな違和感をもつ。

地方の今日の衰退状況は最近始まったものではなく、その要因は戦後復興のあり方に求めなければならない。その最大の要因は、戦後の経済復興と産業構造の変化のなかでの地方の位置づけにある。

地方の経済を支えるのは、多くは地場産業を中心とした中小企業であり、農林水産などの第一次産業である。一九五五年、第一次産業人口はすでに減少傾向にあったとはいえ就業者の四一％だったが、一九六五年には二四・七％に減少し（ちなみに二〇一〇年には四・〇％である）、日本の産業構造は大きく変わった。農業を例にとれば、日本の人口の三％（二〇一〇年一〇月）に満たない農業従事者が日本の食糧の大半を支えている。

農業従事者の高齢化も進んでおり、後継者不足もあって、耕作放棄地が全国に広がっている。一九八〇年代以

降を見ても、大企業の海外移転、輸入促進、大型店の立地規制の緩和、市町村合併などの結果、地方の経済は大打撃を受けた。戦後経済復興の陰に隠れた地方の第一次産業と地方経済に対する国レベルでの政策の見直しが、地方再生の第一の柱として掲げられなければならない。

第二は、経済復興に伴って生じた人口大移動による地域コミュニティの衰退である。第二次世界大戦後から高度経済成長期にかけて、わが国は、農村に潜在的に存在していた大量の労働力に支えられて、飛躍的な経済成長を遂げた。人口の都市集中は、戦後すぐの仕事を求めた都市部への人口流入に始まり、高度経済成長期に急速に進行した。この人口を支えるために、住宅が大量に建設され、一九七〇年代になると都市部の郊外にニュータウンが形成され、都市部および都市近郊の地域コミュニティは急変した。

他方、都市部への若年人口流入に反比例して、農山村の地方の過疎化、高齢化が進み、地方のコミュニティもまた衰退の一途をたどった。産業構造の変化にともなう産業人口の変化と都市の肥大化と地方の過疎化・衰退は、生活と密着していた生産のあり方、地場産業が持つ地域を維持する力を根底から破壊した。これらはすべて戦後の経済復興の必然的な結果であった。

地方衰退の中身は、まずは地域の経済力、生産力の衰退と地域力の衰退にある。したがって地方を活性化するカギは、地域の経済力、生産力の再生と地域力の再建にある。

地方といっても多様であるが、東日本大震災の被災地の基幹産業は多くの場合、第一次産業である。したがって、地方の経済力の活性化は、第一次産業、地場産業を日本経済のなかにどう位置づけ、方向づけるかが重要となる。現在進められつつある第一次産業と他の産業との有機的結合、いわゆる六次産業化は地方の経済を活性化していく一つの鍵になる。

もっとも、この六次産業化も、戦後復興と同様に企業の側からの利潤本位でなされるとすれば、まったく意味をなさない。今日進められている六次産業化には多くの女性が重要な主体となっていることを見るならば、地方の当事者を地方経済の意思決定の場にしっかり位置づけること、とりわけ地域経済の意思決定の場に女性が参画することが求められる。

5　地方を活性化する道——性別役割を超えたコミュニティの構築と地域力の再生

核家族化でも解消しない「家」制度的家族観

地方の衰退のもう一つの要因は、地方の生活領域を支える主体と地域コミュニティにある。戦後の経済復興が地域や家族などの生活領域に与えた影響は、日本全国一律ではなかった。ここでは東日本大震災の被災地だった東北地方を念頭に考えてみる。

わが国の家族は戦前の大正時代と高度経済成長期の二度の核家族化を経験している。しかし二度とも明治時代に確立した「家」制度を否定したものではなく、多くは、長男が郷里（地方）に残って親と同居し三世代家族を形成する一方で、次男や三男が都会へ出て核家族を形成するという形で進行したものであった[17]。つまり、地方の家族は、高度経済成長期においても、長男による三世代家族の再生産という役割を担ったのである。

この「長男は旧来の「家」制度的三世代家族を継承し、次男以下が新たな核家族を形成する」という、いわば家族形成上の分業は、旧来の「家」制度的大家族と核家族の並存状況をもたらし、長男が形成する三世代家族のなかだけでなく、次男以下の核家族のなかにも、戦前の「家」制度的家族観を残す結果となった。それは、「経済的にも精神的にも親世代から自立した夫婦中心の核家族」という欧米的な核家族観の成立を阻むこととなった。

実際わが国の核家族は、夫婦関係よりも親子関係を重視する傾向があり、お互いを「パパ／ママ」など親役割で呼び合う夫婦が今日でも少なくない。また、「遠くに離れている親に孫の顔を見せたい」一心で盆暮れには殺人的ラッシュを毎年繰り返し、長男さえも核家族を形成せざるを得なくなった今日では、介護保険が整備されたとは言え、老親が介護を必要とすれば、結局はキーパーソンとして介護を担当せざるを得ず、飛行機や新幹線を利用した「遠距離介護」をやってのける家族も見受けられる。形は核家族でも心はしっかり三世代家族なのだ。

このような三世代家族の形成を促す家族政策は、高齢化の進行とともに社会保障システムとして推進された家族政策の一つであった。一九七八年版『厚生白書』の「老親と子の同居は我が国の特質であり、諸条件が整えば、それは核家族にはない家庭機能の安定に寄与するとともに、同時に老人にとっても生きがいと安心につながるものである」や「同居は我が国のいわば福祉における含み資産ともいうべき制度」という文言にそれが明確にあらわれている。

一九八〇年代になると三世代家族を推進する方向は家族の縮小化の圧倒的な流れのなかで薄れていくが、今日では少子化対策の一環として、世代間の助け合いを目的とした「三世代同居・近居の促進」があげられ、再び重視されつつある。(18) 少子高齢化に伴う社会福祉領域のセーフティネットの社会的不備を補完する役割を三世代家族に求める方向は依然として存在している。

女性をいっそう苦しめる、家族＝「究極のセーフティネット」

わが国には、いったん緩急あれば家族が一堂に会して対応するという伝統がある。

今回の震災でも、「非常時に頼りになるのは家族だ、国はあてにならない」「日本には、いざという時に頼りになる社会的セーフティネットがない」という思いがあった。実際、今回の震災は、社会のなかにあてになるセーフティネットがないこと、家族を究極のセーフティネットとして頼らざるを得ないというわが国の現状を浮き彫りにした。

震災のずっと以前から、わが国では、片働き家族という典型から離れた生活をしているひとり親家族や要介護者を抱えたシングルたちは、仕事と生活の両立に困難を抱えていた。また今日の少子高齢化のなかでの人間関係の貧困化、孤立した子育て、高齢者の無縁化・孤立化、孤独死など、社会的なセーフティネットを必要とする人たちの困難は、今回の震災でも、より深刻さを増してたち現れた。しかし他方で、家族がいてもそれが「究極のセーフティネット」たりえないことも、今回の震災以前から明らかになっている。

ところで、前述したように、長男が郷里に残って親と同居する郷里とは、言うまでもなく地方であり、実際、三世代家族は、東北・北陸地方に多い。東日本大震災の被災地では家族だけでなく地域にも三世代家族意識が根強く存在している。これは、被災後、避難生活のなかで大家族世帯での嫁役割や性別役割分業を強め、被災女性の避難生活をいっそう苦しいものにした。

家族に見られる地方の特殊性は地域社会のなかにもみられる。そしてこれが地方の力、地域の力の弱体化を引き起こしている。

活性化の兆し、地域コミュニティにそそがれる女性たちの力

地域力の再建には、先に述べた地域産業の再建と併せ、地域の自治力と地域の問題を住民共通の問題としてと

らえ、住民の連帯のなかで解決する力が必要である。多様な地域から集まり、多様な文化をもち、多様な職業に従事し、多様なライフスタイルをもって地域で生活をしている市民で構成される都市部では、旧来の地域共同体が実質的に崩壊し、その結果必要に迫られて、一定の社会的契約を結んでコミュニティをみずから建設する試みが追求された。

その結果、生存・環境権などをめぐる住民運動や市民活動、新たに建設された団地自治会活動など、新たな地域コミュニティが創出したケースも少なくない。

しかしその一方で、急激な都市化は、定着しないコミュニティメンバーや長時間労働などで地域コミュニティの担い手が成熟にいたらず、コミュニティが空疎化したケースも多数見られた。

これに対し農山漁村を中心とする地方では旧来の共同体の土台の上に、一定の都市化のなかで都市生活を経験したUターン、Iターンで移住してきた住民層を巻き込んだ形で地域コミュニティと担い手の形成が求められた。これは都市のコミュニティ形成とは異なった課題であり、各地域固有の取り組みが必要であった。にもかかわらず、多くの場合地方では、実際には、国による画一的な市町村合併政策、画一的で一方的なコミュニティ政策・まちづくり政策やそれに続く行革・臨調路線による地方自治の見直し、新自由主義や「小さな政府」路線などに翻弄され、受動的に対応せざるを得なかった。その結果、地方の地域コミュニティを確立する課題はいまも混迷のなかにある。

その地方の地域が震災を契機に変化の兆しを見せている。

地方でも震災前から、自覚的な市民が中心となって自治体とともに男女共同参画社会形成の取り組みが着実に進められていた。女性の地域リーダーの誕生は地域の男女共同参画の重要な課題とされてきたが、これまで地域のリーダーは男性が中心であり、なかなか進まなかった。

しかし被災地では今回の震災を機に、岩盤のような男社会の地域に半ばあきらめかけていた女性たちが地域と自治会に向き合うようになり、地域のリーダーを担う女性や女性の自治会長が増えつつある。これは、これまでの固定的性別役割に支えられた地域から、新たなコミュニティへの発展の兆しとも思われる。地方にとって震災体験は、男女共同参画の前にあった壁を崩す地殻変動になりつつある。

6　震災復興を契機に戦後復興の軌道修正を

災害時・非常時には、平常時にはみえにくかった問題が可視化される。気になるのは、こうして顕在化した諸問題を、災害からの復興の名の下に、戦時下や戦後復興でなされたと同様の方策で乗り越えようとする意図が見えることである。

二〇一五年八月、安保関連法成立後一週間も経たない時期に、安倍晋三首相は、「アベノミクスは第二ステージに移る」として、「新三本の矢」を発表した。その一つが「希望出生率一・八」だった。「希望出生率一・八」の表明は、一人五人以上子どもを産むことを求めた戦時下の「人口政策確立要綱」をほうふつとさせ、いよいよ「産めよ増やせよ」の時代が再来したかと身構えさせるものだった。妊娠、出産は個人が選択すべきことで国が強制したり、口出しすることではない。男女共同参画政策のなかでも、リプロダクティブ・ヘルス・ライツは重要政策の一つである。それがいま、地方再生、少子化の対策のなかでなし崩し的に壊されようとしている。

戦時中、国は女性に子を産み育てることを求めただけではなかった。勤労奉仕し、工場で働き、家を守り、倹約に努め、兵士を慰問し、傷痍軍人を見舞うなど、まさに、千手観音のような働きを女性に求めた。戦後も、高度経済成長時、国は家庭でも労働市場においても女性の豊かな力を大いに利用してきた。

安保関連法成立の少し前、「女性の活躍推進法」(「女性の職業生活における活躍の推進に関する法律」)が成立した。安倍政権は「女性戦略」をさかんにアピールしているが、「女性の活躍」が強調される一方で、「女性の人権」や「男女共同参画」という言葉が聞かれることはほとんどなくなっている。

今日のわが国の政治・経済状況は、ある意味でこれまでの政権によってもたらされた「災害時」とも言える状況にある。だとしたらなおさらいっそう、女性の人権を理念に掲げた男女共同参画社会の形成は喫緊の課題である。

注

(1) 西川祐子『住まいと家族をめぐる物語――男の家、女の家、性別のない部屋』集英社新書、二〇〇四年。

(2) 田中聡子「住宅政策の動向――臨調・行革路線を契機として」龍谷大学社会学部学会『龍谷大学社会学部紀要』三五号、二〇〇九年一一月。山本理奈『マイホーム神話の生成と臨界――住宅社会学の試み』岩波書店、二〇一四年。

(3) いのうえせつこ『地震は貧困に襲いかかる ――「阪神・淡路大震災」死者6437人の叫び』花伝社、二〇〇八年。

(4) 早川和男『居住福祉』岩波新書、一九九七年。

(5)『河北新報』二〇一一年九月二四日。なお、東日本大震災の犠牲者の状況は、内閣府『平成二四年版 男女共同参画白書』(二〇一二年)によると、六〇歳以上は男性六三・七%、女性六七・六%であり、一万五七八六人の犠牲者(二〇一二年三月一一日現在)のうち、女性は八三六三人、男性は七三六〇人で男性より約一〇〇〇人多かった。

(6) 川口明子『大塚女子アパートメント物語――オールドミスの館にようこそ』教育史料出版会、二〇一〇年。

同潤会とは、関東大震災後、都市部の住宅復興を目的として一九二四年に内務省によって設立された財団法人で、木造仮設住宅のほか、復興集合住宅を多数建設した。
（7）石東直子＋コレクティブハウジング事業推進応援団『コレクティブハウジング　ただいま奮闘中』学芸出版社、二〇〇〇年。
（8）年功序列とは、官公庁や企業において勤続年数、年齢などに応じて役職や賃金を上昇させる人事・賃金制度のことで、終身雇用、企業別労働組合と並んで日本型雇用の典型的なシステムのことである。公益財団法人　連合総合生活開発研究所『日本の賃金―歴史と展望―調査報告』二〇一二年一二月参照。
（9）目黒依子・渡辺秀樹編『講座社会学2　家族』東京大学出版会、一九九九年。
（10）中川俊一郎編『女子従業員管理の考え方の実際』（経営労務文庫）日本経営者団体連盟弘報部日経連広報部、一九六四年。
（11）中西英治『輝いて、しなやかに――物語男女差別裁判の40年』新日本出版社、二〇〇二年。
（12）こうした「千手観音的女性活用策」は戦前にも見られたし、今日の安倍晋三政権の女性活用策にも見られる。このような女性活用政策は結局のところ女性の負担を増大させ、この負担に応えられる女性と応えられない女性との間に格差をもたらし、結局は女性の二極化と分断を進めることにならざるを得ない。
（13）国民生活審議会調査部会老人問題小委員会報告「深刻化するこれからの老人問題」で、ここで初めて実態に即した国家としての高齢者問題に対する政策が必要であるとの認識が示された。
（14）杉本貴代栄『ジェンダーで読む福祉社会』有斐閣、一九九九年。
（15）杉本貴代栄『女性化する福祉社会』勁草書房、一九九七年。
（16）増田寛也『地方消滅――東京一極集中が招く人口急減』中公新書、二〇一四年。
（17）厚生省『平成一〇年版厚生白書　少子社会を考える――子どもを産み育てることに「夢」を持てる社会を』一九九八年。
（18）「二〇一五年三月政府が閣議決定した少子化社会対策大綱」『日本経済新聞』二〇一五年五月一二日。

おわりにあたって

筆者が本書で心に銘記しておきたかったのは、災害に強い国・コミュニティを構築するには、防災・減災と復興を一体化させた取り組みが必要であり、それは災害に限らず、社会的なリスクマネジメントを確立すること、あわせて男女共同参画と多様性を受容する視点にたった取り組みが必要だということである。

第一の防災・減災と復興を一体化させた取り組みとは、災害の教訓を生かし、同じ被害を繰り返さない復興と平時の取り組みを意味する。

第二の社会的リスクマネジメントの確立とは、災害時のリスクを可能な限り減少させること、災害から可能な限り速やかに回復する力をもつということである。災害のリスクは、災害以前から存在している社会的に困難や困窮を抱えている社会的弱者により多く降りかかる。したがって災害時のリスクを減少させるには、平常時からの社会的弱者に対する支援が必要である。安全安心の社会的基盤、いざというときのセーフティネットをいかにつくるかということである。また、災害からの回復力は、何よりも被災当事者自身が復興の担い手になることのうちにある。だから、災害からの回復力を高めるには、被災当事者が復興の担い手になるための支援が必要である。

そして第三の男女共同参画と多様性を受容する視点にたった取り組みの必要性とは、復興過程で誰も見落とされることのない、一人ひとりにみあった視点、社会的弱者の視点をもった政策が策定されること、そのためには困難を抱えた多様な人々が意思決定に参画できるしくみが必要だということである。

東日本大震災後にみられる復興の格差とギクシャクした状況は、災害に対する強さに必要とされるこの三点がわが国ではいずれも達成されていないことのあらわれであり、今日の日本社会の震災に対する脆弱性のあらわれである。震災からの復興が社会全体と地域コミュニティの再構築を必要とするゆえんである。


最後に、本書を著すにいたった個人的な思いを記しておきたい。

一五年前、筆者が仙台に赴任してまず訪れたのは、エル・パーク仙台だった。仙台に一人の知人もいなかった筆者は、そこに行けば、仲間に出会えるに違いないという確信があった。それから一五年。そこで筆者は元気で前向きで、しかも信念を貫いて生きる多くの女性たちとめぐりあうことができた。

東日本大震災発生から今日まで、思いと行動を宮城の女性たちと共にするなかで、つねに頭にあったのは、生活を支え、地域を支え、困難を抱えた女性たちを支え続けてきた彼女たちの力はいったいどこからうまれ、どのようにして培われたのかということであった。震災から四年を過ぎた頃、はからずも四人のキーパーソンからその話をうかがう機会を得ることができた。それが本書を著すきっかけとなった。

四人の話にはどれも、「私もそうだった」と共有できる思いと体験があった。話を聞きながら涙をこらえるのに困ったこともあった。彼女たちの語りに、筆者と同じ思いをした読者もたくさんいるのではないか。そうした女性たちによって、地域は支えられているのだ。

プライベートなことをプライベートな場で語ることはできても、活字になることを前提として語るのは、パーソナル・イズ・ポリティカルということを認識している彼女たちであっても、大きなためらいがあったに違いない。それにもかかわらず率直に話を聞かせてくださった彼女たちにこころから感謝したい。また、本書を作成しているなかで、多くの方から貴重な資料や情報を提供していただいた。一人ひとりお名前を挙げることはできないが、この機会にお礼申しあげたい。

出版社の五十嵐美那子さんは、本書の企画から一環してお世話になった。東日本大震災で実践的に女性支援に携わり、幾度も被災地を訪れたからこその的確なアドバイスを彼女からたくさん受けることができた。彼女にもこころから感謝したい。

なお、本書は二〇一五年度宮城学院女子大学出版助成を受けて出版された。筆者のゼミには、毎年、東日本大震災をテーマに卒業研究に取り組む学生がいる。今年度も一人の学生が「若者の防災意識と地元意識」というテーマで、一六〇名の同世代の若者にアンケート調査を実施し、卒業論文を完成させた。当時中高生だった若者の二〇%が何らかの形で支援活動に携わり、三〇%が支援したかったができなかった、四四%が震災後地元への意識が高まったとの結果を得て、彼女は、中高生のなかにも潜在的な支援の担い手が半分近くいる、若者の力を活かすことが防災と地域再生の今後の課題であると指摘している。震災に真っ向から向き合い、地域と復興の担い手になろうと学び続ける学生から得るものは大きい。

筆者が勤務する大学とそこで学ぶ学生にも心から感謝する。

東日本大震災からまもなく五年を迎える二〇一六年一月

浅野富美枝

■戦後の震災・災害と女性に関する動き

	宮城県・仙台市の女性	全国の女性	日本	世界
1945(S20)	松山、大河原で地域婦人会設立 大河原婦人会結成（20歳以上の任意加入、選挙による役員選出） この年91団体の婦人会結成（県内１８９市町村の45％） 塩竈婦人会で酒造米廃止運動展開	新日本婦人同盟発足（市川房枝）、50年日本婦人有権者同盟と改称 文部省、大学・専門学校の男女共学を認めた「女子教育刷新要綱」発表	ポツダム宣言受諾、終戦 接客業者ら、ＲＡＡ（特殊慰安婦施設協会）を政府融資で設立 衆議院議員選挙法改正（婦人を含む普通選挙） 全国の住宅不足４２０万戸 労働組合法公布	国際連合憲章採択 国際連合発足
1946(S21)	戦後第1回衆議院議員総選挙。県内では山内みな、女性として立候補、落選 県、「婦人教養団体設置運営要項」配布 婦人民主クラブ仙台支部結成 宮城学院女子専門学校設立認可 仙台七夕復活	戦後第1回衆議院議員総選挙。女性の立候補者83名中、39名当選 文部省、婦人団体のつくり方、育て方（発表） ＧＨＱ連合国最高司令部・民間情報教育局、母親学級を両親学級とするよう示唆	婦人民主クラブ発足 食糧メーデー 日本国憲法公布 インフレ急速に進行 発疹チフス大流行、ＤＤＴ強制散布	国連女性の地位委員会設置
1947(S22)	大学婦人協会仙台支部結成 新日本婦人同盟仙台支部結成 若柳婦人会、講演会「新憲法と婦人」開催	戦後初の国際婦人デー 女性の初婚年齢22・9歳 労働省発足。婦人青年局設置、初代局長は山川菊栄	第1次ベビーブーム 教育基本法公布（教育の機会均等、男女共学）小中学校の教科課程に家庭科登場 労働基準法、地方自治法公布 カスリン台風来襲 改正刑法公布（不敬罪、姦通罪廃止） 改正民法公布（家制度廃止） 「戦争未亡人」（戦災者未亡人、外地引揚未亡人を含む）56万６４０５人（厚生省調査）	

年				
1948(S23)	新制高等学校発足、宮城県では男女共学制実施不徹底 仙台市で生活安定主婦連合会結成、ヤミ追放・物価引下げ運動 県、初の婦人教育費計上（婦人指導者講習会、婦人社会見学、嫁と姑の仲良し大会、婦人文化講座実施）	優生保護法公布 主婦連合会結成（会長・奥むめお）	教育委員会法公布 北関東、東北で少年少女の人身売買事件多発	「世界人権宣言」採択
1949(S24)	仙台市内小中学校に社会学級開設（16学級） 県登米高等学校男女共学実施 新制東北大学発足、私立東北学院大学、宮城学院女子大学、東北薬科大学設置	厚生省、避妊薬発売許可 人口問題審議会、産児調節推進を答申	第1回国家公務員試験（上級）に女性30人合格 新制大学発足（女子大31大学） 社会教育法施行	
1950(S25)	気仙沼婦人会、家族制度によらない新しい結婚の在り方や女性の自立についての講演会開催	電力料金値上げ反対婦人大会 女性の平均寿命60歳を超える（男性58・0歳） 高校進学率42・5％（女子の大学短大進学率1・2％） 女性雇用労働者戦後最低、職よこせ闘争盛ん	短期大学制度発足（149校、うち女子短大77校） 生活保護法公布 朝鮮戦争勃発、国内で特需ブーム ラジオ全盛期	
1951(S26)	県初の漁協婦人部・網地島漁協婦人部設立	電力料金値上げ反対婦人大会 公娼制度復活反対協議会発足 再軍備反対婦人委員会発足	児童憲章制定 ユネスコに加入、ILOに加盟 サンフランシスコ講和条約、旧日米安全保障条約調印	
1952(S27)	宮城県地域婦人団体連絡協議会（宮婦連）結成（会員22万7000人、県内女性有権者の30％を組織） 宮城県農協婦人部団体連絡協議会結成	全国地域婦人団体連絡協議会（地婦連）結成 「朝鮮特需」による「糸へんブーム」終わり、女性工員大量解雇始まる	血のメーデー事件 破壊活動防止法公布	

	宮城県・仙台市の女性	全国の女性	日本	世界
1953(S28)		戦後初の共同保育所 日本婦人団体連合会発足（平塚らいてう）	NHKテレビ放送開始 朝鮮戦争休戦 足袋が急減、靴下急増 三洋電機、電気洗濯機発売、「電化元年」	第1回世界婦人大会
1954(S29)	宮婦連、二大運動（生活改善運動、新生活運動） 網地島、田代島に女性消防団誕生	（財）主婦会館設立（奥むめお） 家族制度復活反対連絡協議会結成大会 全地婦連、有毒黄変米反対運動、原水爆禁止署名運動、家族制度復活反対運動 主婦連、東京・世田谷区で「10円牛乳」（通常市販15円）販売	学校給食法制定	米、ビキニで水爆実験、第5福竜丸被災
1955(S30)	宮城県婦人会館建設準備委員会設置 社会学級で学んだ女性たちの要望で社会学級研究会結成	全地婦連、沖縄復帰国民運動、売春防止運動 第1回日本母親大会 非農業の女性の有業者数５２５万から２３１万に激減 石垣綾子「主婦という第二職業論」で「主婦論争」始まる 女子教職員の出産に際しての補助教職員の確保に関する法律公布、産休補助教員設置	神武景気　高度経済成長の始まり 平均世帯人数4・97人（5人家族） 児童扶養手当法公布 東芝、電気釜発売、三種の神器（白黒テレビ、電気洗濯機、電気冷蔵庫） 日本住宅公団発足	
1956(S31)	宮城母親の会発足 宮城県漁協婦人部連絡協議会結成	第1回働く婦人の中央集会 売春防止法公布	経済白書「もはや戦後ではない」 初の『厚生白書』 公害問題浮上、水俣病発生 公団団地第1号、大阪に金岡団地	

1957(S32)	1958(S33)	1959(S34)	1960(S35)	1961(S36)
	家族計画普及運動 宮城婦人会館開設（仙台市裏山本丁）	看護夫第1号、名取病院で12人が載帽式		第1回宮城県母親大会
	文部省、小中学校新学習指導要領改定案発表、男女の差異強調		保育所運動活発化 高等学校指導要領を官報告示、女子は「家庭一般」を履修が望ましいと明記 女性の平均初婚年齢24・4歳 日本の女性の平均寿命70歳（人生70年時代へ）	配偶者控除制度創設 アンネナプキン新発売 小児マヒ生ワクチン運動
	神戸三宮に初のスーパーマーケット「主婦の店ダイエー」オープン 団地族が流行語 スバル、サニーなど大衆車ブーム（マイカー時代） アメリカのテレビドラマ放映、ブームに	国民年金法公布	チリ地震による大津波、1道17県で死者87人 安保反対国会デモで女子学生樺美智子死亡 中山マサ、初の女性大臣 政府、所得倍増計画決定 カラーテレビ放送開始 インスタント食品出回る	農業基本法公布 災害対策基本法公布
国連、「結婚婦人の国籍に関する条約」採択			チリ地震（M9・5）	

年	宮城県・仙台市の女性	全国の女性	日本	世界
1962（S37）	仙台市、各市立小学校に社会学級開設	中学校で新学習指導要領実施。技術・家庭科新設、女子は家庭、男子は技術 婦人問題懇話会発足（山川菊栄） 「女子学生亡国論」／女性の大学・短大進学率7・4％ （財）婦選会館設立 主婦パート急増／地婦連100円化粧品頒布開始 学童保育・ゼロ歳保育要求高まる 出稼ぎ盛んになり、「かあちゃん農業」増大／農業の近代化進行	大阪に千里ニュータウン スーパーマーケット急増	国連、「婚姻の同意、婚姻の最低年齢及び婚姻の登録に関する条約」採択 キューバ危機
1963（S38）	新日本婦人の会宮城県本部結成大会	経済審議会、「経済発展における人的能力の課題と対策（女性再就職、パート制等）」答申	ササニシキ誕生 老人福祉法公布 三井三池三川炭鉱炭塵爆発、458人死亡 教科書無償措置法公布	米、ケネディ大統領暗殺
1964（S39）		母子福祉法公布	新潟地震 東海道新幹線営業開始 東京オリンピック	
1965（S40）	宮城県各種婦人団体連絡協議会結成	第1回内職大会（総評主婦の会など） 母子保健法公布 東京・国立市公民館、託児開始。以後各地で同様の試み活発化 女性雇用者急増	高校進学率70％ 日韓基本条約調印 風呂付住宅普及7割	ベトナム戦争 ILO総会、「家庭責任を持つ婦人の雇用に関する勧告」採択

1966（S41）	1967（S42）	1968（S43）	1969（S44）
		岩沼市の公立保育所でゼロ歳児保育スタート 仙台市、社会学級ピーク6000人	社会学級研究会、問題別研究会開始
熊本大学、九州大学、富山大学で女子の入学制限実施 風俗営業取締法改正公布 住友セメント訴訟。結婚退職制度に憲法違反の判決	女性雇用者1000万人を超す 独身婦人連盟創立	東京都、無認可保育所への援助、ゼロ歳児保育決定 電電公社、育児休職制度実施 男性が出稼ぎや農業以外の職業に従事し、老年男性、老年女性、主婦による「三ちゃん農業」から老年男性と老年女性による「二ちゃん農業」へ、農業就業者の女性割合59％	人口問題審議会、「女性は2・1人の子どもを産む必要あり」と答申 女性の小学校教員5割を超す 経済審議会労働力研究委員会報告、若年労働力不足に対し、中高年女性労働力活用を強調 内閣府広報室世論調査「女性が家庭にとじこもらず、社会と結びついたことをしたほうが良い」女性57％、男性49％賛成
中教審「期待される人間像」「女子の特性」強調 3C（カー、クーラー、カラーテレビ）新三種の神器 人口1億人突破	クレジット販売増加、大量消費時代 国民の9割中流意識「一億総中流時代」『国民生活白書』 公害対策基本法公布／四日市ぜんそく患者、コンビナート6社を提訴（72年勝訴）	消費者保護基本法制定 米原子力空母エンタープライズ佐世保入港 小笠原諸島、日本復帰 富山イタイイタイ病患者、富山地裁に提訴（72年勝訴） 家庭生活問題審議会、「期待される家庭像」答申、家庭保育の意義を強調 大学紛争	日本、GNP世界2位 水俣病患者ら、チッソを提訴（73年勝訴） 日本はエコノミックアニマル、働きすぎ問題化
国連「世界人権規約」採択（日本、79年批准）		米、ベトナム北爆停止声明	米アポロ11号月面着陸

	宮城県・仙台市の女性	全国の女性	日　本	世　界
1970(S45)	唐桑町に町全体をカバーする婦人防火クラブ結成	婦人民主クラブ再建連絡会発足 日本初のウーマンリブ大会 女性雇用者の中の既婚者5割を超す	人口甘味料・チクロ追放運動 経済審議会、「高福祉、高負担」を内容とする新経済社会発展計画を答申 家内労働法公布 東京・杉並区に光化学スモッグ発生 「かぎっ子」社会問題化 ファミレス第1号、東京・府中市に「すかいらーく」が誕生	
1971(S46)		(財)全国婦人会館開館 大阪地裁、三井造船事件で、結婚退職制は公序良俗違反、出産退職は脱法行為と判決 未婚の母社会問題化	第2次ベビーブーム 日本マクドナルド1号店銀座にオープン、外食化進行 多摩ニュータウン入居開始 日清食品、カップヌードル新発売 東京「ごみ戦争」 ポルノ社会問題化	
1972(S47)	宮城県婦人会館(仙台市青葉区錦町)落成式	中絶禁止法に反対しピル解禁を要求する女性解放連合(中ピ連)結成/リブ新宿センター発足 男女とも既製服が半数以上に 「主婦の生きがい論」盛ん	浅間山荘事件 日中国交樹立	
1973(S48)		高校教育課程改訂「家庭一般」4単位女子のみ必修に	宮城県の菊田医師、赤ちゃん斡旋事件→特別養子制度発足 オイルショック コインロッカーへの嬰児置き捨て問題化	

1974（S49）	石巻市に「婦人経営者クラブ」誕生	家庭科の男女共修をすすめる会発足	高校進学率90％超える 原子力船「むつ」放射能漏れ事故 セブン－イレブン1号店、東京・江東区にオープン 雇用保険法公布	
1975（S50）	岩沼連合婦人会、国鉄（現・ＪＲ）に禁煙列車運行を要請、実現	「国際婦人年をきっかけとして行動を起こす女たちの会」発足 女子の大学進学率12・5％。短大を含めると32・4％ 女性教員・看護婦・保母らの育児休業法公布 秋田地裁、秋田相互銀行の男女別賃金表による賃金の男女差別は違憲と判決 行動を起こす女たちの会、食品メーカーＣＭ「わたし作る人、ぼく食べる人」は性別役割の固定化につながると批判、放映中止	総理府に婦人問題企画推進本部設置	国際婦人年 第1回世界女性会議（メキシコシティ）
1976（S51）	宮城県、婦人行政窓口を生活環境部県民課に設置 仙台市電廃止	特定職種育児休業法施行（女子教職員、看護婦、保母） 緒方貞子、女性初の国連日本政府代表部公使就任 民法・戸籍法改正公布、離婚後の婚氏続称制度の新設	ロッキード事件	

	宮城県・仙台市の女性	全国の女性	日　本	世　界
1977（S52）	宮城県消費者団体連絡協議会発足	小中学校学習指導要領改訂で「技術・家庭」一領域の男女共修義務化 農林省「農村婦人の家」設置開始 政府、女性の地位向上のための「国内行動計画」策定（1977－86年） 国立婦人教育会館設置	ニューファミリー	
1978（S53）	宮城県沖地震発生	東京都、初の保父3人誕生 総理府、初の『婦人白書』 余暇開発センター『レジャー白書』発表、主婦の家事労働、月6万円に相当と指摘	インベーダーゲーム登場	
1979（S54）		日本女性学会発足	国際人権規約批准	国際児童年 国連、「女性差別撤廃条約」採択 英初の女性首相誕生（M・サッチャー）
1980（S55）	仙台市安養寺に宮城県母子福祉センター開館	民法および家事審判法改正（配偶者相続分引き上げ）	金属バット殺人事件 家庭内暴力、校内暴力	第2回世界女性会議（コペンハーゲン）
1981（S56）	仙台市社会学級研究会、「女子差別撤廃条約」批准に向けた学習開始	最高裁、日産自動車事件で男女定年格差に違憲判決 日経連、企業負担の増加を危惧し、育児休業制度法制化に反対決議／ベビーホテル社会問題化	電電公社、ファクシミリ通信網開始	国際障害者年 ＩＬＯ156号条約（家族的責任条約）採択

1986(S61)	1985(S60)	1984(S59)	1983(S58)	1982(S57)
	市のグループＡＭＣ（アクティブ・マザーズ・コーポレーション）『子連れママの気晴らしマップ』創刊	県、「みやぎ婦人施策の方向」策定 市のあかねグループ、高齢者への給食サービス開始		宮城県田尻高校で家庭科の男女共修を自主的に実施
来日アジア女性緊急避難施設「ＨＥＬＰ」発足 (財）女性職業財団発足 男女雇用機会均等法施行 日本初の女性党首誕生（土井たか子）	東京・田無市、男子職員にも育児時間を認める条例改正施行 女性差別撤廃条約批准 国民年金法改正（女性の年金権確立） 日本の女性の平均寿命80歳　人生80年時代へ	国籍法・戸籍法一部改正公布、父母両系主義へ	高齢化社会をよくする会発足（代表・樋口恵子）	新しい働き方を求める主婦増える（ワーカーズ・コレクティブ発足）、主婦の50・３％が外で働き、兼業主婦の時代へ
伊豆大島三原山噴火、1万人島を脱出 東京・中野区の中学生、いじめを苦に自殺	労働者派遣事業法公布 日航ジャンボ機墜落、死者５２０名 個人用小型テレビ低価格化 電電公社民営化（ＮＴＴとなる）、多機能電話、電話の個室化		初の体外受精児誕生 一人暮らし高齢者１００万人突破 ワンルームマンション建築ラッシュ ファミコン発売、本格的なテレビゲーム時代	東北新幹線開通（大宮駅—盛岡駅）
ソ連、チェルノブイリ原発事故	第3回世界女性会議（ナイロビ） ＩＬＯ、「雇用における男女の均等な機会及び待遇に関する決議」			

	宮城県・仙台市の女性	全国の女性	日　本	世　界
1987（S62）	仙台市婦人文化センター「エル・パーク仙台」開設	アグネス・チャンの子連れ出勤論争	札幌で母子家庭の母、餓死事件	ニューヨーク株式市場で株価大暴落、ブラックマンデー IOCオリンピック憲章の男女差別条項削除
1988（S63）	仙台市、泉市、秋保町、宮城町と合併	「結婚後の戸籍上の姓使用を大学職員録に強制するのは人格権の侵害」として女性大学教員が国と学長らを相手に通称使用提訴		
1989（S64、H元）	女性のための離婚ホットライン発足 仙台市、全国11番目の政令指定都市	合計特殊出生率1・57　1・57ショック 女子の大学進学率36・8％、男子を上回る 森山真弓、女性初の官房長官に就任 日本初のセクハラ訴訟（福岡セクハラ事件）	昭和天皇死去 消費税導入３％ 輸入血液製剤によるＨＩＶ感染の血友病患者２人、国と製薬会社に対して損害賠償訴訟（96年和解） バブル経済による地価高騰「億ション」 国、ゴールドプラン策定	国連「子どもの権利条約」採択 中国、天安門事件 ベルリンの壁崩壊
1990（H2）	県、「みやぎ婦人施策推進基本計画」策定	大阪・堺市、幼稚園・小学校の出席簿を男女混合名簿にすることを表明 1世帯3人を割る	不登校、引きこもり社会問題化	「国連防災の10年」（〜99年） 統一ドイツ誕生 湾岸戦争
1991（H3）	市、「仙台市女性行動計画」策定 市生活文化部に「女性企画課」創設、女性問題を専門に扱う課は東北の自治体では初めて 社会学級研究会事務局開設	韓国の元日本軍慰安婦、日本政府に賠償請求訴訟 大阪府に全国初の女性職業安定所「大阪レディス・ハローワーク」オープン	育児休業法公布 バブル経済崩壊	ソビエト連邦解体

1992（H4）	宮城県生活福祉部女性政策課新設 仙台市女性行動計画策定 しんこきゅうタイム　ＤＶと離婚についての話し合いの場スタート 宮城交通で県初の女性バス運転手登場	福岡地裁、セクハラ訴訟に原告勝利の初判決 農林水産省、「新しい農山漁村の女性」策定	国家公務員、完全週休２日制実施	
1993（H5）	宮城県農山漁村の女性ビジョン策定 「仙台レディス・ハローワーク」オープン 仙台市長、宮城県知事とともにゼネコン汚職事件で逮捕	東京高裁、婚外子の相続差別に初の違憲判決	中学校での家庭科の男女共修実施 パートタイム労働法公布 国、エンゼルプラン策定	女性に対する暴力の撤廃に関する宣言
1994（H6）		高校家庭科の男女必修スタート 総理府に男女共同参画室及び男女共同参画審議会設置 「嫡出子」「養子」の住民票の表記を「子」に統一	北海道東方沖地震	第１回国連防災世界会議（横浜） 国際家族年 国際人口・開発会議（カイロ）
1995（H7）	「わたしたちの女性センターを実現する会」設立	女子差別撤廃委員会、日本政府に差別是正などを勧告 農水省通達「家族経営協定の普及推進による家族農業経営の近代化について」	阪神・淡路大震災（Ｍ７・５、死者６４００人） 育児・介護休業法成立 ＩＬＯ１５６号条約批准 地下鉄サリン事件 国、「障害者プラン」策定	第４回世界女性会議（北京）
1996（H8）	市、女性消防吏員２人採用 市、子育て支援ショートステイ、スタート 宮城県男女共同参画推進委員会設置	母体保護法公布 国、男女共同参画２０００年プラン策定 日航、スチュワーデスを「フライトアテンダント」と名称変更	らい予防法廃止 携帯電話普及１人１台	国連人権委員会、クマラスワミ報告公表

	宮城県・仙台市の女性	全国の女性	日本	世界
1997(H9)	仙台市地下鉄南北線開業 女性の悩みホットラインスタート	経済企画庁、「無償労働の貨幣評価について」発表	消費税３％から５％へ 介護保険法成立	
1998(H10)	宮城県女性行動計画策定 性暴力被害ホットラインスタート		児童福祉法施行令改正、「保母」を「保育士」に	国連人権委員会、「女性に対する暴力撤廃決議」採択
1999(H11)	「ハーティ仙台」設立 仙台市、人口１００万人突破	男女共同参画社会基本法制定・施行 農水省「農山漁村男女共同参画推進指針」発表 丸子警報器女性労働者差別訴訟、東京高裁で原告勝利の和解成立 強制わいせつで横山ノック大阪府知事辞職 ピル（低容量避妊薬）認可	児童買春・児童ポルノ処罰法成立 国旗及び国家に関する法律成立	国際高齢者年 第43回国連女性の地位委員会、女子差別撤廃条約の選択議定書採択
2000(H12)		第１次男女共同参画基本計画閣議決定	三宅島噴火、全島民に避難命令 児童虐待防止法公布 ストーカー規制法公布	
2001(H13)	宮城県男女共同参画推進条例制定 岩出山町いわでやま男女平等推進条例制定（大崎市合併後消滅）	ＤＶ防止法制定 住友生命の既婚女性昇給・昇格差別訴訟で、大阪地裁、原告勝利判決、和解	「新しい歴史教科書をつくる会」の歴史・公民教科書、修正で検定合格 大阪・池田小学校児童殺傷事件（８人死亡） 教育三法改正	オランダ・ハーグ「女性国際戦犯法廷」最終判決発表

2002（H14）	2003（H15）	2004（H16）	2005（H17）
白石市男女共同参画社会推進条例制定 高清水町男女がともに歩むまちづくり条例制定（栗原市合併後消滅）	仙台市男女共同参画推進条例制定 気仙沼市男女共同参画推進条例制定 「イコールネット仙台」設立 「せんだいファミリーサポート・ネットワーク」設立	石巻市男女共同参画推進条例制定 仙台市子育てふれあいプラザ「のびすく仙台」開館	大和町男女共同参画推進基本条例制定 富谷町男女共同参画推進条例制定
野村證券のコース別賃金・昇格差別訴訟で、東京地裁、一部原告勝利判決、和解 芝信用金庫の女性昇格差別訴訟、最高裁で和解、全面解決	昭和シェル石油の女性賃金差別訴訟で、東京地裁、原告勝利判決 商社兼松の女性コース別男女差別賃金訴訟で、東京地裁、原告敗訴判決、08年東京高裁、原告勝利判決 住友電工の男女別採用・労務管理賃金差別是正訴訟で、大阪高裁、勝利和解 都立七生養護学校性教育事件	住友化学の採用区分による昇進・賃金差別是正訴訟で、大阪高裁、勝利和解	第2次男女共同参画基本計画策定 住友金属工業の賃金・昇格差別訴訟で、大阪高裁、勝利和解 合計特殊出生率1・26最低へ
	有事三法成立 性同一性障害者の性別の取り扱いに関する法律制定	9条の会発足 中越地震	郵政民営化関連法成立 国の「防災基本計画」（男女共同参画、男女双方の視点明記）
		インドネシア・スマトラ島地震（M9・1）死者22万7000人	第2回国連防災世界会議（神戸、「兵庫行動枠組」） 韓国、「戸主制」「子供は夫の姓を継ぐ」「女性の離婚後6か月再婚禁止」廃止 独初の女性首相誕生（A・メルケル）

	宮城県・仙台市の女性	全国の女性	日本	世界
2006(H18)		岡谷鋼機の女性の賃金・昇格差別訴訟で、名古屋高裁、和解	教育基本法改正	
2007(H19)	塩竈市しおがま男女共同参画推進条例制定		食の偽装事件多発 郵政民営化 新潟県中越沖地震 ワーク・ライフ・バランス憲章、政労使決定	
2008(H20)	大崎市男女共同参画推進条例制定	沖縄・北谷町で米海兵隊員による少女暴行事件	岩手宮城内陸地震 東京・日比谷公園で「年越し派遣村」	ミャンマー、サイクロン被害（死者・行方不明13万3000人） 中国・四川省大地震（死者・行方不明8万7000人）
2009(H21)	イコールネット仙台、「災害時における女性のニーズ調査」報告書 宮城県婦人会館、指定管理者制度導入 県、組織改革。男女共同参画推進課を共同参画社会推進課に			
2010(H22)	宮城県婦人会館、錦町から宮城県公文書館内に移転	第3次男女共同参画基本計画閣議決定（第14分野 地域・防災・環境その他の分野における男女共同参画の推進）		ハイチ地震（M7.0死者31万6000人）

2011（H23）	だれもが活き生きと暮らせる登米市男女共同参画推進条例制定 登米市女性支援グループ・えがおねっと結成 みやぎジョネット結成 パープルタイム開催、せんたくネット、ままふあ会の活動など、女性グループによる女性支援展開		東日本大震災・福島第一原子力発電所事故 東日本大震災復興基本法	
2012（H24）	岩沼市男女共同参画推進条例制定 柴田町男女共同参画推進条例制定 イコールネット仙台『東日本大震災に伴う「震災と女性」に関する調査報告書』発行	婚外子の遺産相続分を婚内子の2分の1と定めた民法規定をめぐり、名古屋高裁、同等の相続を認める判決	国の防災基本計画改定（女性や多様な人々の参画とニーズへの配慮明記）	
2013（H25）	イコールネット仙台『聞き取り集 40人の女性たちが語る東日本大震災』発行 イコールネット仙台、女性のための防災リーダー養成講座開催		政府の地震調査委員会、南海トラフ地震のM８~９の発生確率、50年以内に90％以上と公表。 埼玉・千葉で竜巻、６００棟被害、負傷者67人 台風26号で伊豆大島で土砂崩れ、死者13人	韓国初の女性首相誕生（朴槿恵）
2014（H26）		東京医科大科学研究員、産休後解雇は不当と提訴（マタハラ訴訟）	消費税5％から8％へ 日本、国際結婚破綻後の子の扱いを規定したハーグ条約に加盟 〈日本創成会議〉（増田寛也元総務相座長）、自治体の半数が人口減で２０４０年までに消滅のおそれと試算発表 広島市北部、豪雨で土石流・土砂災害、死者74人 御嶽山噴火、死者・行方不明63人	

	2015（H27）
宮城県・仙台市の女性	
全国の女性	「女性の職業生活における活躍の推進に関する法律」（女性活躍推進法）制定 DV相談2015年1－6月で2441件、急増 第4次男女共同参画基本計画閣議決定
日本	選挙権年齢を18歳以上に引き下げる改正公職選挙法公布 台風18号による豪雨で、東北・北関東各地に被害。死者3人
世界	第3回国連防災世界会議（仙台）

【参考文献】 年表の参照文献は書名末尾に＊印で示した

浅野富美枝「宮城県婦人会館のこれまでとこれから」『宮城県婦人会館の三八年　礎～みやぎの女（ひと）～』財団法人みやぎ婦人会館、二〇一〇年

朝日ジャーナル編『女の戦後史　I』朝日新聞社、一九八四年

池田恵子「災害とジェンダーをめぐる国際動向」東日本大震災女性支援ネットワーク・研修プロジェクト編『男女共同参画の視点で実践する災害対策　テキスト　災害とジェンダー　基礎編』東日本大震災女性支援ネットワーク発行、二〇一三年

石東直子＋コレクティブハウジング事業推進応援団『コレクティブハウジング　ただいま奮闘中』学芸出版社、二〇〇〇年

石巻市職員労働組合女性部機関紙『あした』一三四号、二〇一二年三月二八日

伊藤康子『草の根の女性解放運動史』吉川弘文館、二〇〇五年

いのうえせつこ『地震は貧困に襲いかかる――「阪神・淡路大震災」死者6437人の叫び』花伝社、二〇〇八年

井上輝子、江原由美子『女性のデータブック　第四版』有斐閣、二〇〇五年＊

岩崎久美子・中野洋恵『私らしい生き方を求めて――女性と生涯学習』玉川大学出版部、二〇〇二年

岩崎信彦・上田惟一・広原盛明・鯵坂学・高木正朗・吉原直樹『町内会の研究』御茶の水書房、一九八九年

ウィメンズネット・こうべ編『災害と女性～防災・復興に女性の参画を』二〇〇五年

ウィメンズネット・こうべ編『女たちが語る阪神・淡路大震災』二〇〇五年

大門正克『日本の歴史　第一五巻　戦争と戦後を生きる』小学館、二〇〇九年

大門正克「いのちを守る農村婦人運動」大門正克、岡田知弘他編『「生存」の東北史――歴史から問う3・11』大月書店、二〇一三年

大原社会問題研究所『日本労働年鑑　第八二集　二〇一二年版』旬報社、二〇一二年＊

大原社会問題研究所『日本労働年鑑　第八三集　二〇一三年版』旬報社、二〇一三年＊
大原社会問題研究所『日本労働年鑑　第八四集　二〇一四年版』旬報社、二〇一四年＊
大原社会問題研究所『日本労働年鑑　第八五集　二〇一五年版』旬報社、二〇一五年＊
岡野幸江他『女たちの戦争責任』東京堂出版、二〇〇四年
女たちの現在を問う会『銃後史ノート戦後編』インパクト出版会、一九八七年
加藤やよひ「「天使の声」から何が見えるか」さいたま教育文化研究所『さいたまの教育と文化』七〇号、二〇一四年一月
鎌田慧「生ぎろ東北―地域再建の先頭を走る自治体職員」『自治労通信』二〇一一年七月八日
香山リカ「不眠不休で職務をこなし、心身を蝕まれる被災地の公務員――自治労「こころの相談室」「ほっとダイヤル」の活動からみえてきたもの」『女も男も　自立・平等　特集／被災地教職員・自治体職員の震災後のストレスとこころのケア』一二一号、二〇一三年春・夏号
川口明子『大塚女子アパートメント物語――オールドミスの館にようこそ』教育史料出版会、二〇一〇年
関西学院大学・災害復興制度研究所『災害復興研究』二号、二〇一〇年
北河賢三『戦後史のなかの生活記録運動――東北農村の青年・女性たち』岩波書店、二〇一四年
公益財団法人せんだい男女共同参画財団『パンジー』二〇一四年四月号
公益財団法人連合総合生活開発研究所『日本の賃金―歴史と展望―調査報告』二〇一二年一二月
厚生省『平成一〇年版厚生白書　少子社会を考える――子どもを産み育てることに「夢」を持てる社会を』一九九八年
国立婦人教育会館編『婦人教育情報』六号、一九八二年
国立市公民館市民大学セミナー編『主婦とおんな――国立市公民館市民大学セミナーの記録』未来社、一九七三年
小林純子「被災地の子どもたちに向き合う」石井山竜平編著『東日本大震災と社会教育――3・11後の世界にむきあう学習を拓く』国土社、二〇一二年
埼玉県教育局県立学校部生徒指導課『彩の国の道徳「心の絆」』埼玉県教育委員会編、二〇一二年
（財）みやぎ婦人会館『二〇年の軌跡は未来への礎』一九九三年＊

（財）みやぎ婦人会館『宮城県婦人会館の三八年　礎～みやぎの女～』二〇一〇年＊
（財）横浜市女性協会『女性施設ジャーナル』一号、学陽書房、一九九五年
（財）横浜市女性協会『女性施設ジャーナル』「女性施設における市民活動支援とは？」三号、学陽書房、一九九七年
佐藤成晃「震災二年、東北からの声」『望星』東海教育研究所、二〇一三年三月＊
佐藤和賀子「占領期における婦人教育政策の地域的展開―宮城県地域婦人団体の形成過程を事例に」『歴史』二〇〇二年四月
下村美恵子・内藤和美・辻智子・矢口悦子『女性センターを問う』新水社、二〇〇五年＊
新日本婦人の会『新日本婦人の会の五〇年』二〇一二年＊
杉本貴代栄『ジェンダーで読む福祉社会』有斐閣、一九九九年
杉本貴代栄『女性化する福祉社会』勁草書房、一九九七年
鈴木大介『最貧困女子』幻冬舎、二〇一四年
鈴木裕子『フェミニズムと戦争』マルジュ社、一九八六年
スティール若希・大沢真理編『ジェンダー、多様性、東北復興―三年目に続くガバナンスの機会と課題』東京大学社会科学研究所、二〇一三年
仙台市「仙台市町内会等実態調査の概要」二〇一五年
仙台市教育委員会・仙台市社会学級研究会『一九九五年度　仙台市社会学級研究会記録』一九九六年＊
仙台市女性センター等基本構想委員会「仙台市女性センター・子どもセンター（仮称）基本構想（資料編）」一九九六年＊
全国地域婦人団体連絡協議会『全地婦連一〇年のあゆみ』一九六五年＊
全国地域婦人団体連絡協議会『全地婦連二〇年史』一九七三年＊
全国地域婦人団体連絡協議会『全地婦連三〇年のあゆみ』一九八六年＊
全国地域婦人団体連絡協議会『全地婦連五〇年のあゆみ』二〇〇三年＊
ソルニット、レベッカ『災害ユートピア』高月園子訳、亜紀書房、二〇一〇年
大学家庭科教育研究会編『市民社会をひらく家庭科』ドメス出版、二〇一五年

高橋満・朴健淑・中野弘樹「市民力をはぐくむ社会学級の仕組み」『東北大学大学院教育学研究科研究年報』第六三集第二号、二〇一五年
田中聡子「住宅政策の動向――臨調・行革路線を契機として」龍谷大学社会学部学会『龍谷大学社会学部紀要』三五号、二〇〇九年一一月
田辺信一『現代地域社会教育論』ドメス出版、一九七二年
千野陽一『近代日本婦人教育史』ドメス出版、一九七九年
千野陽一「地域婦人会」朝日ジャーナル編『女の戦後史I』朝日新聞社、一九八四年
千野陽一編『現代日本女性の主体形成』1~8巻、ドメス出版、一九九六年
筑波君枝『わたしにできること。個人の「なにかしたい!」からはじまった12の絆の物語』メディアファクトリー、二〇一二年
辻元清美「官邸と被災地をつなぐ―災害ボランティア担当内閣首相補佐官としてみた3・11」『世界　東日本大震災・現場災害―破局の後を生きる』別冊、八二六号、二〇一二年一月所収
鶴見和子『生活記録運動のなかで』未来社、一九六三年
暉峻淑子『社会人の生き方』岩波書店、二〇一二年
特定非営利活動法人イコールネット仙台『災害時における女性のニーズ調査』二〇〇九年
特定非営利活動法人イコールネット仙台『聞き書き集　40人の女性たちが語る東日本大震災』二〇一三年
登米市『広報Ｔｏｍｅ』二〇一二年一二月、一八三号
内閣府『平成二四年版　男女共同参画白書』二〇一三年
内閣府『平成二七年版　男女共同参画白書』二〇一五年
内閣府『二〇一四年版子ども・若者白書』二〇一四年
中川俊一郎編『女子従業員管理の考え方の実際』(経営労務文庫)日本経営者団体連盟弘報部日経連広報部、一九六四年
中西英治『輝いて、しなやかに――物語男女差別裁判の四〇年』新日本出版社、二〇〇二年
西川祐子『住まいと家族をめぐる物語――男の家、女の家、性別のない部屋』集英社新書、二〇〇四年

仁藤夢乃『女子高生の裏社会――「関係性の貧困」に生きる少女たち』光文社、二〇一四年
『日本消費者問題基礎資料集成　7』すいれん社、二〇〇七年＊
花田達朗他編著『新聞は大震災を正しく伝えたか』早稲田大学出版部、二〇一二年
早川和男『居住福祉』岩波新書、一九九七年
早川紀代『戦時下の女たち――日本・ドイツ・イギリス』岩波ブックレット、一九九三年
福田徳三『生存権の社会政策』講談社学術文庫、一九八〇年（初版、一九四八年）
細田晴子／坂井一成「日本の公務員は国際スタンダードなのか」http://www.nippon.com/ja/currents/d10008/
増田寛也『地方消滅――東京一極集中が招く人口急減』中公新書、二〇一四年
宮城県教育委員会『宮城県社会教育の歩み』一九七五年＊
宮城県地域婦人団体連絡協議会『宮婦連三〇周年記念誌』一九八二年＊
宮城県地域婦人団体連絡協議会『五〇周年記念誌　みやぎ野』二〇〇二年＊
宮城県地域婦人団体連絡協議会『宮婦連創立六〇周年記念誌』二〇一三年＊
宮城県・みやぎの女性史研究会編『みやぎの女性史』河北新報社、一九九九年＊
みやぎの女性支援を記録する会編『女たちが動く――東日本大震災と男女共同参画視点の支援』生活思想社、二〇一二年
目黒依子・渡辺秀樹編『講座社会学2　家族』東京大学出版会、一九九九年
守田佳子『愛国婦人会の設立と確立』太陽書房、二〇〇七年
山田昌弘『女性活躍後進国ニッポン』岩波ブックレット、二〇一五年
山本理奈『マイホーム神話の生成と臨界――住宅社会学の試み』岩波書店、二〇一四年
よしかわ女／男たちのあゆみを記録する会編著『埼玉県よしかわ発　男女共同参画物語』生活思想社、二〇〇一年
吉田典史『もの言わぬ二万人の叫び　封印された震災死　その「真相」』世界文化社、二〇一三年
労働政策研究・研修機構『ワーク・ライフ・バランスの焦点―女性の労働参加と男性の働き方』労働政策研究・研修機構、二〇一二年

若桑みどり『戦争がつくる女性像——第二次世界大戦下の日本女性動員の視覚的プロパガンダ』筑摩書房、一九九五年
ワールド・ビジョン・ジャパン　ホームページ　https://www.worldvision.jp
●新聞は『朝日新聞』『河北新報』『日本経済新聞』各紙を参照した。

著者紹介
浅野富美枝（あさの ふみえ）
宮城学院女子大学教授（家族社会学）。特定非営利活動法人イコールネット仙台理事、気仙沼市男女共同参画審議会委員、登米市男女共同参画審議会委員、栗原市男女共同参画推進委員会委員、石巻市男女共同参画審議会委員、一般財団法人みやぎ婦人会館理事
著書　共著『女たちが動く――東日本大震災と男女共同参画視点の支援』（みやぎの女性支援を記録する会、生活思想社、2012年）、共著『歴史のなかの家族と結婚――ジェンダーの視点から』（森話社、2011年）、共著『大人になる前のジェンダー論』（はるか書房、2010年）ほか多数。

生活思想社ホームページ
http://homepage3.nifty.com/seikatusiso/

みやぎ3・11「人間の復興」を担う女性たち
戦後史に探る力の源泉

2016年3月11日　第1刷発行

著　者　浅野富美枝
発行者　五十嵐美那子
発行所　生活思想社
〒162-0825 東京都新宿区神楽坂2-19　銀鈴会館506号
電話・FAX　03-5261-5931
郵便振替　00180-3-23122

組版／アベル社　印刷・製本／平河工業社
落丁・乱丁本はお取り替えいたします。

ISBN 978-4-916112-27-9 C0036 Printed in Japan